남에게
못할 말은

나에게도
하지 않습니다

남에게
못할 말은

나에게도
하지 않습니다

걱정 많은 나 데리고
즐겁게 사는 법

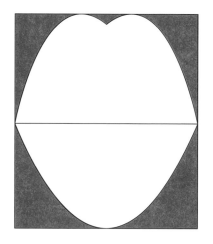

정재영 지음

whale books

온 세상이 당신을 미워하고 당신을 악하게 여긴다 해도
당신의 양심이 그렇지 않다고 믿어준다면,
당신에게 친구가 없다고는 할 수 없어요.

샬럿 브론테, 《제인에어》 중에서

○

If all the world hated you and believed you wicked,
while your own conscience approved of you
and absolved you from guilt,
you would not be without friends.

당신은 결코 초라하지 않습니다

"저에게는 결점도 많고 두려움은 더 많아요. 그렇지만 할 수 있는 한 굳게 나를 껴안을 겁니다. 천천히, 조금씩 나 자신을 사랑하려 합니다."

방탄소년단이 2018년 9월 UN에서 들려준 연설 중 일부다.

"여러분은 우주 어느 곳에 있든 누구 못지않게 자신의 사랑을 받을 자격이 있습니다."

영어권에서 흔히 인용되는 석가모니 말씀이다.

"자기가 최고라고 생각하고 자신을 사랑할 수 있어야 해. 자기 사랑이 없다면 살 이유가 없어."

중학생 시절, 사회 선생님에게 들은 말이다.

모두 마음이 뜨거워지는 응원이고 위로다. 누군가 내 손을 잡고 저렇게 말한다면 가슴이 벅차 눈시울이 뜨거워질 것 같다.

그런데 어떻게 하면 자기 자신을 사랑할 수 있을까? 결점도 두려움도 많고 부끄러운 잘못을 숱하게 저지르는 나를 어떻게 이해하고 변호하고 껴안을 수 있을까?

나는 오랫동안 이 질문에 대한 답을 갈망했다. 언제부터였는지는 정확히 모르겠다. 바지를 입은 채로 실수한 게 들통 나 친구들의 웃음을 뒤로한 채 빗속에서 울며 귀가했던 아홉 살 그날부터였을까. 거울 앞에서 내 콧대가 낮다는 걸 깨닫고 크게 실망한 사춘기 시절부터였을까. 매일매일 지구에서 조용히 사라지길 빌었던 고등학생 시절부터였을까. 아니면 사랑을 거절당한 그날 이후였을까. 정확한 시작은 알 수 없으나, 부족하고 못난 나 자신을 사랑하고 싶은 열망은 깊고 오래된 것이었다. 그리고 10년여에 걸쳐 자료를 모으며 공부하고 궁리한 끝에 유용한 이야기를 한 권의 책으로 묶었다.

자신을 사랑하는 일은 생각처럼 쉽지 않다. 스스로를 미워하는 마음이란 마치 강철 구조물처럼 딱딱하게 굳어 있어, 뜯어고치거나 보수하기가 힘들다. 더구나 그 마음은 몹시 깊고 교묘하게 숨어 있어 의식의 레이더에 걸리기도 힘들다.

그렇다고 자신을 사랑하는 것이 전혀 불가능한 일은 아니다. 마음을 지속적으로 들여다보고 이해하고 껴안는 연습을 하면 '천천히 조금씩' 자기 사랑의 능력치가 높아진다. 이 책은 그 세세한 방법을 안내한다.

다음 세대의 누군가도 고통받는 순간순간 우리와 같은 고민을 할 것이다.

'어떻게 하면 초라한 나를 사랑할 수 있을까?'

아마 당신이 아끼는 사람이라면 이렇게 말해주지 않을까.

"넌 초라하지 않아. 충분히 사랑받을 만한 사람이야."

이 책이 전하는 조언의 핵심 메시지다. 지극히 단순한 이 조언을 아홉 살 시절 빗속에서, 사춘기 시절 거울 앞에서 들을 수 있었다면 얼마나 좋았을까. 그러나 이제라도 알게 된 걸 감사히 생각한다. 그리고 이것을 더 많은 독자분과 공유하게 되어 기쁘고 감사하다.

이 책을 쓰면서 많은 분의 도움을 받았다. 뜨거운 가슴을 안고 사는 청소년부터 이십 대의 초보 어른들, 어른의 삶에 어느 정도 익숙해진 중장년층 등 다양한 연령대의 사람들과 이야기를 나누고, 만날 때마다 물었다. 자신을 사랑하느냐고. 그렇다고 답한 사람은 소수에 불과했다. 행복하냐는 물음에도 대부분 고개를 가로저었다. 아프고 힘든 기억과 마음을 솔직하게 꺼내어 보여주고, 책 속에 자신들의 이야기를 담는 것에 동의해주신 그분들께 다시 한 번 깊은 감사를 드린다.

정재영

차례

작가의 말　　　당신은 결코 초라하지 않습니다　　　007

01

**가까워서
버거운 나와
화해하는 말**

가혹한 적에서 다정한 친구로　　　014
└ *Self Test*　나는 나의 친구일까, 적일까?

자기 연민은 정말 나를 약하게 만들까?　　　028

사람은 오렌지 하나가 아니라 오렌지 한 박스다　　　038

싸우지 않아야 더 단단해진다　　　044

나를 향한 사랑은 무조건이어야 한다　　　053

02

**스스로를
미워하는 나를
이해하는 말**

게으르고 느린 내게 가장 필요한 것　　　065

자기혐오에 빠진 사람들의 5가지 증상　　　076

우아하고 섬세해서 쉽게 상처받는 나　　　085

나는 내가 기억하는 것보다 훨씬 행복했다　　　094

마음을 갉아먹는 잣대로부터 나를 보호하는 법　　　104

03

**좌절에
익숙한 나를
응원하는 말**

세상은 나한테 그렇게 관심이 없다   117
└ *Self Test* 나는 완벽주의일까?

부끄러운 기억에 갇히지 않는 연습   126

섣부른 오해로 상처받지 않는 법   136

두려움은 거짓말에 능숙하다   145

어떤 목표는 나를 더 사랑스럽게 만든다   152

매일 좌절해도 괜찮아, 나를 믿는다면   161

감사하는 마음이 만드는 기적   173
└ *Self Test* 내 감사 감수성은 몇 점일까?

04

**무거운
과거의 나를
놓아주는 말**

나에게는 나쁜 추억과 상처를 극복할 힘이 있다   185

상처받은 자존감을 안고 산다는 것   191
└ *Self Test* 나의 자존감 지수는?

남의 기분을 책임질 의무 따위는 없다   202

용서는 치유의 완성이다   209

이상적 자아라는 불편한 환상   219

과도한 사랑은 오히려 독이 된다   226

05

**섬세하고
여린 나를
보살피는 말**

나를 향한 말버릇이 내 삶이 된다   235

지친 마음을 위로하는 10분 힐링 타임   249

오늘 하루 나를 비판하지 않기   262

긍정적인 감정의 흐름을 타는 법   268

지금 여기서 행복할 것   276

01

가까워서 버거운
나와 화해하는 말

가혹한 적에서 다정한 친구로

친구가 취업 시험에 떨어지면 나는 안타까운 마음에 이렇게 말한다. "괜찮아. 너는 최선을 다했어. 지난 2년간의 노력이 밑거름이 될 거야. 힘내, 다시 기회가 올 거야."

내가 시험에 떨어지면 나는 나에게 이렇게 말한다. "정말 큰 일이야. 머리도 나쁜데 최선을 다하지도 않았어. 제길, 이제 모든 게 끝났어."

우리는 자기 자신에게 유독 차갑다. 나쁜 일이 생기면 모조리 제 잘못이라 여기고 가혹하게 책임을 추궁한다. 다 끝나버렸다며 자신을 벼랑으로 밀어붙인다. 반면 친구에게는 할 수 있는 한 모든 배려를 베푼다. 이성적이고 따뜻한 말로 용기를 준다.

친구네 가족이 집에 놀러 온다. 친구 딸이 컵을 떨어뜨려 주변 사람들이 모두 당황한다. 나는 친구 딸에게 말한다. "괜찮니? 다치지 않았으면 됐어. 울지 마, 아무 일도 아니야."

내 가족이 친구 집에 놀러 간다. 내 아이가 컵을 떨어뜨려 깬다. 나는 아이에게 말한다. "정신을 얻다 두고 있어? 한두 살짜리 애도 아니고."

자신을 차갑게 대하는 사람은 대체로 자기 가족에게도 똑같이 매몰차다. 잘못을 질타하고 책임을 따지고 상처를 준다.

생각해보면 이상한 일이다. 왜 자신에게 소중한 존재일수록 더 냉정하게 구는 걸까? 긴밀한 관계일수록 더 따뜻하고 친절하게 대해야 하지 않을까? 감시자나 심판관 노릇을 할 게 아니라 스스로 가장 가까운 친구가 되어줘야 하지 않을까? 자신을 소중한 베스트 프렌드처럼 대하면 생각지도 못한 강인한 힘을 얻는다. 번민과 고통에서 스스로를 건져낼 힘이 생긴다. '약하고 눈치 보는 나'를 '세상에서 가장 강한 나'로 만들 수 있다.

내부에 적이 없다면 외부의 어떤 적도 당신을 해칠 수 없다.

영국 정치가 윈스턴 처칠Winston Churchill이 인용했던 아프리카 속담이다. 상처받지 않으려면 우리는 가장 먼저 '내부의 적'을 없애야 한다. 자신을 공격하고 비난하지 말아야 한다. 스스로 자신에게 가장 친절한 친구가 되어줘야 한다. 무슨 일이 있어도 끝까지 신뢰하고 지지하는 '나'라는 벗이 있는 한, 그 어떤 시련도 우리에게 상처를 줄 수 없다.

친구와 적 사이

친구는 위로를 주는 존재다. 우리의 결점을 차갑게 비난하지 않는다. 용기를 불어넣어 좌절한 우리를 일으켜 세워준다. 어떻게 하면 스스로에게 이런 친구가 되어줄 수 있을까?

먼저 당신이 당신에게 힘을 주는 친구인지, 불안감을 주는 적인지 확인할 필요가 있다. 미국 텍사스대학교 교육심리학과 크리스틴 네프 교수가 추천하는 방법이 있다. 아래 질문에 답해보자. 종이에 써봐도 좋고 생각만 해도 상관없다.

1_____ 친한 친구가 힘든 상황에 처해 절망하고 있다. 뭐라고 말해주겠는가?

2_____ 당신이 절망스럽고 힘든 상황에 처했다. 뭐라고 말해주겠는가?

3_____ 무엇이 다른가? 또 왜 그런 차이가 나타나는 걸까?

앞에서 얘기했던 상황에 대입해 생각해보자. 친구가 2년간 열심히 취업 준비를 했는데 떨어졌다면 뭐라고 말해주겠는가? 또 당신이 똑같은 일을 겪었다면, 뭐라고 말해주겠는가? 보통의 경우 친구에게는 진심을 다해 위로하는 반면 자기 자신에게는 비난을 쏟아내고 책임 추궁을 한다. '정말 나라는 인간은 제대로 하는 게 하나도 없네', '최선을 다하지 않은 탓이야'라면서 스스로를 질책한다.

친구가 실연을 당해 크게 상심해 있다. 이럴 때 우리는 "넌 잘못한 거 없어"라고 편들어주거나 "넌 충분히 매력 있으니 얼마든지 좋은 사람 만날 거야"라고 힘을 준다. 반대로 자기 자신이라면 뭐라고 말할까? "난 버림받아도 싸", "두 번 다시 연애 같은 건 못하겠지"라고 비관하며 스스로를 괴롭힌다.

많은 사람이 이렇듯 마음속에 재판관 같은 적을 품고 산다. 이 적의 목소리가 높을수록 외부의 적들은 우리 자신을 더 손쉽게 꺾어버린다. 아주 미약한 시련에도 쉽게 좌절하고, 누군가 무심코 흘린 말 한마디에 상처받아 밤새 괴로워한다. 가슴 속 적의 목소리가 낮아질수록 우리는 더욱 단단해진다. 작은 시련이나 상처 따위가 우리에게 고통을 줄 수 없다.

당신은 당신의 친구인가, 아니면 당신을 공격하는 적인가? 친구와 당신 자신을 대하는 방식의 차이를 살피고 당신의 사고 습관을 돌이켜보면 스스로 평가 내릴 수 있다.

적에 가깝다면 스스로에게 베스트 프렌드가 되는 훈련을 해야 한다. '나를 대하는 마음의 태도'를 바꾸는 훈련이다. 어렵지 않다. 다만 익숙해지려면 시간이 좀 걸릴 것이다.

나에게 친구가 되어주는 법

1____ 머뭇거리지 않고 나를 변호할 것

누군가가 당신의 베스트 프렌드를 비난하면 당신은 "내 친구한테 왜 그래?", "왜 이렇게 무례하게 굴어?" 하고 친구 편을 들고 싶을 것이다. 당신 자신이 그런 상황에 처했을 때도 마찬가지여야 한다. 그리고 그것이 습관이 되어야 한다. 꾸물거리거나 주저하지 않고 반사적으로 반응해야 한다.

타인의 문제 제기나 비판에 귀를 닫는 폐쇄적인 사람이 되라는 말이 아니다. 아픈 지적에도 귀를 기울이는 열린 마음과 용기는 버리지 말아야 한다. 다만 그것은 스스로 든든한 친구가 되어준 다음에 할 일이다. 자신의 입장을 똑똑히 밝히고 이해를 구하려는 노력이 우선이다.

우리 사회는 자기변호를 무조건 '나쁜 것'으로 낙인찍는 경향이 있다. 특히 권위를 가진 사람들, 즉 부모나 교사, 상사나 사장 등의 지적을 무비판적으로 수용해야 옳다고 가르친다. 대중도 절대 권력자다. 대중의 비판에 예민할 수밖에 없는 연예인 등 이른바 '공인'은 비판의 칼날 위에 섰을 때 무조건 고개 숙이고 비난을 달게 받기를 강요당한다. 자기 자신을 변호하는 순간 가혹한 응징을 당한다.

자기변호를 배척하고 무조건적인 반성을 요구하는 환경에

살고 있는 만큼, 우리에게는 더더욱 자신을 보호하는 태도가 필요하다.

2____ 다섯 살 아이를 대하듯 나를 보살필 것

다섯 살짜리 아이가 실수했을 때 어른은 아이를 가혹하게 비판하지 않는다. 다섯 살짜리 아이가 고민이 있다고 할 때 어른은 잔인하게 비웃거나 야단치지 않는다. 때로는 우리 마음을 어린아이 다루듯 보살필 필요가 있다. 아이를 대하는 부모처럼 스스로를 껴안아주는 것이다.

3____ 나에게 무례한 말을 하지 않을 것

다른 사람들한테는 예의 바른데 유독 자신에게 무례하게 구는 사람이 있다. 그들은 버릇처럼 자신을 나무란다. 그 말들이란 대개 경우에도 맞지 않고 예의에도 어긋난다. 우리는 회사에서 "왜 이렇게 멍청해?"라는 말을 잘하지 않는다. "대체 무슨 짓을 한 거야?" 같은 모욕적인 언사도 자제한다. 그런데 왜 자기 자신에게는 이런 말을 아무렇지 않게 던지는 걸까? 남에게 조심하고 배려하는 만큼, 우리 자신도 정중하게 대하는 연습이 필요하다.

4____ 혼자 있는 시간을 소중히 여길 것

이전에 비해 혼자 있는 시간이 극히 줄었다. 방에 홀로 있어도 온전히 혼자가 아니다. 스마트폰 때문이다. 우리는 거의 매시간 남들과 연결되어 있다. 혼자 있는 시간을 빼앗기고 있다. 그만큼 혼자 산책하고 혼자 차를 마시는 시간이 모바일 시대 이전보다 훨씬 중요해졌다. 특히 자신에게 친구가 되어주려면 혼자 있는 시간을 소중히 여겨야 한다. 자기 자신과 오롯이 대면할 수 있는 시간이기 때문이다. 당신이 느끼는 아픔과 기쁨과 혼란과 두려움을 속속들이 알려면 더더욱 혼자만의 시간이 필요하다. 혼자서 산책하고 사색하는 시간이 길어질수록, 당신은 당신 자신과 더욱 가까워진다.

5___ 질책보다 해결 방안을 말해줄 것

가까운 누군가가 심각한 문제 상황에 직면했을 때, 우리는 그 사람의 어떤 실수가 그런 사태를 불러왔는지 일일이 따지지 않는다. 대개는 원인을 미뤄두고 앞으로의 해결 방안을 함께 고민하고 제안한다. 하지만 자신이 그런 입장이 되면 순서가 뒤바뀐다. 질책의 정도가 지나쳐 해결 방안은 영영 생각하지 못할 때도 있다. 생각의 방향을 전환해야 한다.

6___ 엄격히 비판하되 예의를 갖출 것

때로는 엄격한 자기비판이 필요하다. 잘못을 솔직하게 인정하고 반성할 줄 알아야 어른이다. 다만 이에 앞서 먼저 갖춰야 할 것이 있다. 예의다. 조심스러움이다. 타인의 잘못을 지적할 때 우리는 얼마나 조심하는가. 무례하지 않게 말하기 위해 얼마나 고민하는가. 스스로에게도 그와 같은 예의를 갖춰야 한다.

나와 내 가족에게 가혹한 우리

제삼자에게는 너그럽고 자신과 자기 아이에게는 과하게 비판적인 사람들은 말한다.

"내 아이니까 더 엄격해야지."

"더 사랑하니까 당연한 거야."

태도가 바르고 자기 통제를 잘하는 아이로 기르려면 야단 쳐가며 키워야 한다는 생각이다. 버릇없는 아이로 키우지 않으려면 어쩔 수 없다고 해명한다. 그런데 정말 그럴까? 차가운 비판이 사람을 올곧게 할까? 그건 불확실하다. 대신 부모의 잘못된 비판이 아이에게 돌이킬 수 없는 상처를 준다는 사실만큼은 확실하다. 아울러 부모의 미숙한 비판이 평생의 관계에 영향을 주기도 한다.

대개 사람들은 상사에게는 깍듯하고 부모에게는 뾰족하게 군다. '엄마라면 나를 이해해줄 것'이라는 믿음과 편안함 때문이기도 하지만, 숨겨진 다른 이유도 있다. 부모가 우리에게 사랑을 준 동시에 상처도 함께 줬기 때문이다. 어린 시절부터 쌓이고 쌓인 원망과 그로 인한 비뚤어진 마음 때문이다.

아이가 제대로 자라지 못할까 봐 혼내는 부모처럼, 우리는 스스로 비판을 멈추지 않아야 발전할 수 있다고 믿는다. 그런데 정말로 자기 냉대와 자기비판이 마냥 이로운 약일까? 아니면 우리를 불행하게 만드는 자해일까? 비판을 멈추면 우리는 무기력하고 무능력해져서 가난을 맞이하게 될까?

절대적인 답이란 없다. 하지만 직관적으로는 느낄 것이다. 당신이 당신에게 따뜻한 친구가 되어준다고 해서 나쁜 길로 빠질 거라는 보장은 어디에도 없다. 오랜 세월 함께한 베스트 프렌드처럼, 아이를 돌보는 부모처럼, 친밀하고 친절하며 예의 바르게 당신을 대해라. 이것이 '나 자신'에게 한 발짝 가까이 다가가는 첫 번째 단계다.

"친구를 자식만큼 사랑하는 사람은 없어. 자식이라면 목숨도 내놓을 수 있지만, 친구는 좀 다르지."

"맞아. 아무리 친한 친구라도 자식만큼 소중히 여기지는 않지."

"우리가 친구를 비판하지 않는 건 자식을 생각하는 만큼 절실히 사랑하지 않아서야. 그러니 가벼운 마음으로 무조건 달콤하고 긍정적인 말만 해줄 수 있는 거지."

"그 말은 자기와 자기 자식에게 비판적인 건 그만큼 사랑이 더 깊기 때문이라는 거네. 그럴듯한 말이긴 한데, 내 생각은 약간 달라."

"왜?"

"우리가 우리에게 불친절한 건 사랑이 깊기 때문이 아니야. 사랑하는 방법을 몰라서지. 아이에게도 마찬가지야. 정말 사랑이 깊다면, 사랑을 표현하는 능력을 길러야 해."

나는 나의
친구일까, 적일까?

01 친구가 거짓말한 게 들통 나서 괴로워한다. 친구에게 뭐라고 할까?

a— 웬 망신이야, 내가 다 창피하다.

b— 괜찮아, 고개 들어. 왜 그랬는지 해명하면 돼.

02 내가 거짓말한 게 들통 나서 괴롭다. 나에게 뭐라고 할까?

a— 이게 무슨 망신이지. 창피해죽겠네.

b— 괜찮아, 그럴 수 있어. 왜 그랬는지 해명하자.

03 친구가 말실수로 누군가에게 상처를 줬다. 친구에게 뭐라고 할까?

a— 왜 그런 바보 같은 짓을 했어.

b— 너무 자책하지 마. 사과하고 이해를 구해봐.

04 내가 말실수로 누군가에게 상처를 줬다. 나에게 뭐라고 할까?

a— 내가 왜 그런 바보 같은 짓을 했지.

b— 너무 자책하지 말자. 사과하고 이해를 구하면 괜찮을 거야.

당신은 당신의 친구인가? 혹시 늘 타인에게만 친절하고 당신 자신에게는 매 순간 가혹한 잣대를 들이대지 않는가? 몇 가지 테스트를 해보면 금방 알 수 있다. 물론 부끄러움을 모르는 건 부끄러운 일이다. 그러나 매사 자신을 부끄러워하고 고개 숙이는 태도는 옳지 않다.

(05) 친구의 애인이 떠났다. 친구에게 뭐라고 할까?

a— 있을 때 잘하지 그랬어.

b— 힘내, 더 좋은 사람이 올 거야.

(06) 나의 애인이 떠났다. 나에게 뭐라고 할까?

a— 있을 때 더 잘해줄걸.

b— 괜찮아, 나와 더 잘 맞는 사람을 만나게 될 거야.

(07) 친구가 직장에서 해고당했다. 친구에게 뭐라고 할까?

a— 이 사회에 쓸모없는 존재가 됐구나.

b— 사장이 미쳤네. 넌 유능해. 새로운 직장을 찾을 수 있어.

(08) 내가 직장에서 해고당했다. 나에게 뭐라고 할까?

a— 나는 정말 쓸모없는 존재야.

b— 내 능력을 사장이 못 알아본 거야. 더 좋은 직장을 찾아야지.

자기 연민은 정말 나를 약하게 만들까?

사랑스러운 아들이 두 살 때 자폐증 진단을 받았다. 아이는 말문을 닫아버린 채 갓난아기처럼 굴거나 아무 이유 없이 마구 비명을 지르곤 했다. 나는 절망했다. 왜 내게 이런 시련을 주는지 운명과 세상을 원망하며 비명을 지르고 싶었다. 감정을 억누르고 아이처럼 자폐아같이 지낼 수도 있었다. 그러나 나는 선택했다. 나의 처지를 연민하기로. 나는 큰 시련을 겪은 나 자신을 친절히 대하려고 애썼다. 나에 대한 연민과 친절은 큰 힘이 되어, 자폐증 아이를 보살필 용기를 주었다.

미국 텍사스대학교 교육심리학과 교수 크리스틴 네프Kristin Neff가 겪은 일이다. 그녀는 자기 연민(자기 공감)이 슬픔에 빠진 자신을 위로했다고 회고한다. 자신을 가엽게 여기고 다정하게 대하는 것이 자기 연민의 태도다. 자기 연민이 어떻게 고통받는 사람을 위로할 수 있을까?

네프 교수는 아들 로완이 자폐증임을 알게 되었을 때 극심한 분노와 절망을 느꼈다. 세상도 운명도 증오하고 싶고 억울하고 슬펐다. 이 고통스러운 상황에서 자기 연민의 자세가 힘을 주었다. 그녀는 자신이 분노와 절망을 느끼는 것을 안타깝게 여기고 그 감정들을 인정했다. 좌절하고 화가 난 자신의 모습을 이해하고 위로했던 것이다.

나는 나를 연민한다

우리는 생활 속에서 부정적 감정을 자주 느낀다. 가령 견딜 수 없는 화가 치밀 때가 있다. 어두운 감정이다. 아주 고약한 감정으로 여겨지기 때문에 타인에게 드러내기도 어렵다. 그러나 우리 자신은 분노한 감정을 너무 잘 안다. 그렇다면 죄의식을 느껴야 할까? 아니면 너그럽게 이해해야 할까? 다음 두 가지 중 하나를 선택해야 한다.

a —— 이렇게 화를 내다니. 창피해서 견딜 수가 없군.
b —— 이 정도로 화가 폭발한 건 옳지 않지만 이해는 해. 내게는 그럴 만한 이유가 있었어.

사람들은 보통 a처럼 자신을 냉정하게 비판한다. 자신의 잘못에 엄격해야 옳다고 배웠기 때문에 늘 자동적으로 그렇게 대응한다. 그러면 b는 틀린 생각일까? '화를 터뜨린 내가 옳지는 않지만 이해는 할 수 있어'라고 생각한다면 잘못을 저지른 자신을 배척하지 않고 보듬었으니 질타받아 마땅한 자세일까?

b는 자기 연민의 자세다. 분노를 터뜨린 후 죄의식에 괴로워하는 자신을 너그럽게 포용하고 위로하는 자세다. 다음에 같은 상황이 발생했을 때 똑같이 화내고 비이성적으로 행동해도 괜찮다 여기는 합리화가 아니다. 뚜렷한 목표가 없는 맹목적인 자기 위로다. 이런 자세는 우리 마음의 고통을 얼마간 줄여주고 상처를 회복해준다.

네프 교수는 마트나 비행기, 길거리에서 난감한 상황을 자주 겪었다. 아이가 시도 때도 없이 비명을 지르며 몸부림을 쳤기 때문이다. 사정을 모르는 행인들은 힐난의 눈빛을 보냈다. '애가 버릇없이 굴게 방치한다'라고 생각하는 눈빛이었다.

그럴 때마다 그녀는 생각했다. '괜찮아. 잘 모르고 비난하는 저 사람들이 잘못이야. 그들은 우리 사정을 모르니 차가운 눈빛에 상처받을 이유가 전혀 없어.'

분노와 부끄러운 마음을 보듬어주다

주변 사람들이 자기 자신을 싫어하거나 비난하는 티를 내면 당연히 위축된다. 힐난의 눈빛을 받으면 외로워질 수밖에 없다. 아무도 도와주지 않는 고립무원, 외톨이가 된 기분에 빠진다.

이럴 때 우리는 어떻게 하는가. 보통은 몸 둘 바를 모른다. 스스로 무슨 잘못을 했는지 돌아보고 자책하며 고개를 숙인다. 억울한 심정에 느닷없이 화를 표출하는 사람도 있다.

그럴 때 가장 안전한 방법은 '이토록 힘든 상황에 빠진 나'를 연민하는 것이다. '지금 이런 상황을 버티고 있는 나 자신이 안됐지만 자랑스럽다'라는 자기 사랑의 태도를 취하는 것이다. 괴로운 순간에 친한 친구나 가족에게서 진심 어린 위로를 받으면 버틸 힘을 얻듯, 자신을 연민하는 태도는 고통을 극복할 힘을 스스로 만들어 얻는 강력한 전략이다.

네프 교수는 자폐증 아들을 기르면서 실수도 많고 잘못도 빈번히 저질렀다고 말한다. 보통의 부모들은 자기 실수를 깨달으면 심각하게 후회하고 날카롭게 비난한다. 반면 그녀는 자신을 비난하기보다 '최선을 다했으니 용서받을 수 있어'라고 스스로에게 용기와 해방감을 주었다.

완전한 사람은 없다. 단점이 장점보다 많은 사람도 적지 않다. 우리 마음속에는 기쁨과 만족감 등 긍정적 감정도 있지만 분노와 실망과 창피함 같은 부정적 감정도 있다. 매일 같은 실수를 일삼기도, 어눌한 행동으로 놀림을 받기도 한다. 지나치게 낮은 자존감으로 괴로워하는 이도 적지 않다.

이렇게 불완전한 우리 자신을 어떻게 해야 할지가 문제다. 많은 경우 '나는 정말 바보 같아'라고 스스로 비난하는 편을 택한다. 아니면 자신의 불완전함이나 단점을 모른 척하고 평가를 회피한다. 비난과 회피는 해결책이 될 수 없다.

많은 심리학자나 심리치료사가 자기 연민을 가지라 권한다. '불완전해서 슬프고 부끄러운 나'를 연민하라 말한다. 상처 입은 강아지를 불쌍히 여기듯, 괴로움에 빠진 자기 자신을 가엾게 여기고 위로의 말을 던지면 충분하다. 그것만으로 상처를 이기고 거친 세상을 버틸 힘을 얻게 된다.

자기 연민을 불허하는 나라

아마 당신도 '자기 연민'이라는 말이 좋게만 들리지 않을 것이다. 한국 사회에서 스스로를 불쌍하게 여긴다는 건 무기력하고 비겁한 태도로 여겨진다. 그래서 '넌 지금 자기 연민에 빠졌어'라는 말이 비난의 표현으로 쓰인다.

그렇지 않은 사람도 있겠지만 대체로 한국인들은 강해 보여야 한다는 강박에 사로잡혀 있다. 아마도 급속히 산업화를 이루면서 몸에 밴 집단 강박일 것이다. 목표를 달성하고 경쟁자를 꺾어야 생존할 수 있었으니 우리 사회에서는 유독 '강한 존재'를 이상적인 자아상으로 삼았다.

강한 존재는 상처를 참아야 한다. 슬픔과 좌절에 빠진 내면을 거부해야 한다. 그러다 보니 자신뿐 아니라 타인의 슬픔도 인정하지 않는다. 배우자나 자녀가 슬픔에 빠져 있으면 빨리 딛고 일어나라고, 강해져야 한다고, 자기 연민에 빠져 엄살 부리지 말라고 강요한다.

이런 문화 탓에 개개인은 아픔이나 슬픔을 느껴도 그 감정을 하찮게 여기거나 모르는 척하거나 적극적으로 부인한다. 심리학에서 말하는 자기 연민의 태도는 이와 정반대다. '힘없고 슬픈 나'를 동정하고 껴안고, 현재의 모습이 어떻든 받아들이는 태도다. 자존감이 낮아도, 게을러도, 무능해도, 못생겨도, 성격이 나빠도 괜찮다. 매일 실수를 해도 문제 될 게 없다. 지금 자기 자신이 아픔과 괴로움을 겪고 있는지, 편안하고 행복한 마음으로 살고 있는지가 더 중요하다.

어느 쪽이 나은가 생각해볼 필요가 있다. 자기를 연민하지도, 인정하지도 않는 태도가 좋은가, 아니면 차라리 자기를 연민하고 스스로를 위로하며 편안하게 사는 쪽이 좋은가? 자기 연민을 긍정하는 연구자들에 따르면, 자신을 가엽게 여길 때 고통은 줄어들고 행복감은 높아진다고 한다.

나를 연민하는 가장 좋은 태도

올바른 자기 연민의 태도는 어떤 걸까? 크리스틴 네프 교수가 자신의 홈페이지에 소개한 내용 중 일부를 소개한다.

1____ 자신에게 얼마나 친절한가

- 마음의 고통을 느낄 때 당신 자신을 사랑하려고 애쓰는가?
- 당신의 잘못이나 부족함에 관대한가?
- 당신의 나쁜 성격도 이해하려 노력하는가?

위 세 가지 질문에 모두 '그렇다'고 답한 사람은 스스로에게 아주 친절한 사람이다. 그 반대라면 자기 자신에게 극히 불친절한 사람이다. 대다수 사람의 성향은 그 사이에 있다.

2____ 자신을 얼마나 비판하는가

- 당신의 잘못이나 부족함에 대해 비판적인가?
- 당신의 좋지 않은 면을 발견하면 스스로 비난하는가?
- 감정적으로 힘들어도 내버려두는가?

이 질문에 모두 '그렇다'고 답한 사람은 스스로에게 지나치게 비판적인 성향이다. 자신의 잘못이나 단점을 발견하면 곧바로 자학하는 타입이다.

3____ 자신의 고통을 객관화하는가

- 당신이 겪는 시련은 모두가 겪는 시련이라 생각하는가?
- 어떤 일에 실패하면 누구나 겪는 실패라 생각하는가?

모두 '그렇다'고 답한 사람은 자신의 고통을 객관화할 능력을 가진 사람이다. 고통을 자신만의 시련으로 여기면 더 외롭고 힘들다. 세상 사람 모두가 감기를 앓듯, 우리에게 닥친 시련도 누구에게든 닥칠 수 있고 누구든 겪을 수 있는 일이다.

4____ 고립감이 얼마나 큰가
- 우울하면 다른 사람들이 당신보다 더 행복해 보이는가?
- 다른 사람들은 쉽게 하는 일이 당신에게만 어려운가?
- 중요한 일에 실패하면 당신만 늘 실패한다고 여기는가?

'나는 이만큼 노력하고도 실패하는데 저 사람들은 참 쉽게 성공하는 것 같아'와 같은 생각은 우리를 더 깊은 수렁으로 빠뜨린다. 사실은 자신만 무능하거나 불운한 것이 아니다. 다들 비슷한 경험을 하면서 살아간다. 이런 동질감을 갖고 자신을 객관적으로 바라보고 평가해야만 건강한 정신을 가질 수 있다.

5____ 마음이 얼마나 충만한가
- 마음이 불안할 때 감정의 균형을 잡으려 노력하는가?
- 중요한 일에 실패해도 넓은 시각으로 보면서 분석하는가?

모두 '그렇다'고 답한 사람은 마음이 아주 튼튼한 사람이다. 불안이 닥쳐도 감정의 균형을 잡으려 노력하고 중요한 일에 실패해도 객관적으로 분석한다면 자신을 위하는 마음이 더 커진다.

6___ 마음이 얼마나 쉽게 흔들리는가

• 중요한 일에 실패하면 스스로 부족한 사람이라 느끼는가?
• 불안해지면 통제력을 잃고 감정에 휩쓸리는가?
• 힘든 일이 생기면 그 일을 과장해서 생각하는가?

모두 '그렇다'고 답한 사람은 마음의 뿌리가 너무 약해 쉽게 흔들리는 성향이다.

올바른 자기 연민의 자세를 가지려면 자기 단점을 유연하게 수긍하고 자신이 저지른 잘못을 너무 가혹하게 비난하지 말아야 한다. 또 힘든 일이 닥쳐도 '누구나 겪을 수 있는 일'이라고 거리를 두고 생각할 줄 알아야 한다. 아울러 감정의 균형을 잡으려 노력하고 자기 감정의 홍수에 익사하지 않도록 스스로를 보호하는 연습이 필요하다.

"가끔 내가 너무 불쌍해. 이런 생각 하면 안 되는데, 내가 가엽고 안쓰러워서 견딜 수가 없어."

"왜 스스로 불쌍하다고 생각하면 안 되지?"

"자기 연민은 사람을 약하게 만들잖아. 더 나약해질 거야."

"자기 연민이 이로운 감정이라 말하는 학자들도 많아. 자기를 안쓰럽게 여겨야 더 강해진다고 해. 내 생각에도 일리가 있는 말 같아."

"그래도 강해지려면 굳은 이성과 의지를 갖고 살아야 하지 않을까?"

"친구가 힘든 일을 겪으면 안쓰러워 보이는 게 자연스러운 일이잖아. 동료가 슬픔에 빠져 있으면 내 마음도 슬퍼지고 말이야. 안쓰럽게 여기고 같이 슬픔을 나누면 친구나 동료에게 큰 위로가 될 거야. 자기 자신에게도 마찬가지야."

"나에게 연민을 느끼면 정말 더 강해질까?"

"아마 그럴 거야. 일단 연민은 사람의 마음을 따뜻하게 하지. 자신의 아픔과 고통을 위로하고 충분히 다독거려줘야 마음이 치유될 거야."

사람은 오렌지 하나가 아니라 오렌지 한 박스다

친구가 집에 놀러 오면서 오렌지 한 박스를 가져왔다. 박스를 열지도 않았는데 오렌지 향이 집 안을 가득 채웠다. 모두 기분이 좋아졌다. 신선하고 상큼한 냄새에 침도 고였다. 나는 박스에 손을 넣어 오렌지를 하나 꺼내 들었다. 그런데 썩어서 물컹해진 오렌지가 잡혔다.

급히 쓰레기통이 있는 뒷마당으로 갔다. 나는 오렌지 박스를 어떻게 했을까? 통째로 쓰레기통에 집어던졌을까? 물론 아니다. 썩은 오렌지는 하나뿐이었고 그것만 버렸다. 만일 박스째 버렸다면 그게 비정상적인 반응이다. 그렇다면 오렌지를 선물한 친구는 잘못을 한 걸까? 오렌지 열 개 중 하나가 썩어 있었고 그것이 나를 불쾌하게 만들긴 했지만, 그렇다고 친구가 비난받을 실수를 저지른 것은 아니다. 오렌지는 단 하나만 썩었을 뿐이고, 친구는 썩은 오렌지를 선물할 의도가 없었다. 상자 속 오렌지 한 알이 썩었다고 친구의 호의를 비난한다면 그 또한 비정상적인 반응일 것이다.

미국 심리학자이자 버지니아대학교 교수인 러셀 그레인저Russel Granger가 심리학 전문 잡지 〈사이콜로지 투데이Psychology Today〉에 실은 일화를 각색한 것이다.

인간은 오렌지 하나가 아니라 오렌지 한 박스다. 우리 내면에는 '썩은 오렌지'가 섞여 있을 수 있다. 감정 조절에 실패할 수도 있고, 아무런 이유 없이 불안해하거나 무심결에 남에게 심한 말실수를 할 수도 있고, 때로는 한 달 내내 게으름을 피우며 허송세월할 수도 있다.

변질된 오렌지가 한두 개 있다고 오렌지 한 박스를 통째로 버리는 건 이상한 일이다. 우리 안에 한두 개의 단점이 있다고 해서 통째로 비난하거나 폐기 처분해야 한다 생각하는 것 역시 비정상적인 반응이다. 그런데 그렇게 생각하는 사람이 많다. 실수를 저질렀음을 깨달았을 때 우리가 어떻게 반응하는지 예를 한번 들어보자.

a⎯⎯ 내가 잘못했네. 명백한 실수야. 인정해.
b⎯⎯ 내가 잘못했네. 난 정말 멍청해. 죽어도 싸.

a는 실수를 인정하지만 심각하지 않다. 자기에게 채찍질을 하지 않는다. b는 실수 하나를 근거로 자기 존재 자체를 폄하한다. 일부가 잘못됐을 뿐인데 마치 전체가 불량품인 듯 자학

한다. 오렌지 하나가 변질됐다고 오렌지 박스를 통째로 패대기치는 것과 같다. b처럼 반응해서는 안 된다. 그런데 한국인들은 그렇게 말하고 생각하도록 교육받는다.

우리는 어릴 때부터 사소한 실수를 하면 아주 나쁜 결과가 따를 거라 세뇌당했다. 예를 들어 "너 그러면 나중에 나쁜 사람 된다"라는 위협을 듣고는 했다. 작은 실수, 사소한 단점 때문에 인생을 망칠 수 있다는 경고다. '바늘 도둑이 소도둑 된다' 같은 속담도 때에 따라 무서운 위협이 될 수 있다.

친구 물건을 훔친 아이에게 '그런 행동을 해서는 안 된다'라고 가르쳐야 옳지, '이러다 너 나중에 범죄자 돼서 감옥 가고 인생 말아먹는다'라고 겁을 줘서는 곤란하다. 그런데 우리는 많은 순간 이런 위협을 받으며 자랐다. 사소한 실수와 단점의 의미를 과장하고 자신의 가치를 부정하도록 교육받았다. 그래서 b처럼 말하는 사람이 많다.

더구나 자신에게만 그러는 것도 아니다. 잘못 하나를 근거로 다른 사람의 인격을 비난해도 된다고 생각하는 사람이 의외로 많다. 가령 부하 직원이 실수했을 때, 상사의 반응은 두 가지로 나뉜다.

c____ 이거 실수했네. 다음엔 잘하자고.
d____ 이거 실수했네. 조심성이 없어. 넌 그 태도가 문제야.

다시 한 번 말하지만 사람은 오렌지 한 박스다. 실수 하나가 그 사람의 가치를 부정하는 근거가 될 수는 없다. c와 같이 말하는 게 합리적인 반응이다. 이 말엔 실수와 부하 직원의 인격을 별개로 여기고, 다음에는 잘할 수 있다고 믿는 마음이 깔려 있다. 그런데 불행하게도 우리 사회에는 d처럼 말하는 사람이 많다. 실수 하나와 사람 인격 자체를 동격으로 여긴다. 조심성 있는 사람도 실수는 한다. 삶에 대한 태도가 아무리 뛰어나도 실수는 한다. 실수 하나를 두고 그 사람을 '조심성 없는 사람'이라고 낙인찍는 건 곤란하다.

지인 중에 d처럼 말하는 사람이 있다. 그는 어린 시절부터 그와 같은 비난을 받으며 자랐다. 작은 실수에도 인간적인 모욕을 당하고, 행동이나 말을 잘못하면 호되게 야단맞고는 했다. 이런 상처를 계속 안고 있으면 주변 사람들에게도 은연중에 같은 행동을 보인다. 나아가 자녀에게도 그와 같은 시각과 태도를 대물림한다.

러셀 그레인저는 강조한다.

당신의 행동과 당신 자신을 분리하라.

우리는 하루에도 수많은 행동을 한다. 그러다 보면 잘못된 언행도 더러 하게 된다. 실수를 반성하되 잘못과 자기 자신을 동일시해서는 안 된다. 한 번 실수했다고 우리라는 존재 자체가 실수인 것은 아니다. 잘못은 잘못이고 우리는 우리다. 행동과 자기 자신을 분리해라. 실수를 했더라도 당신은 여전히 자랑스럽고 소중한 존재다.

실수를 저질렀다면 이렇게 말해보자.

'그래, 내가 잘못했어. 명백한 실수라는 걸 인정해. 하지만 이 잘못 때문에 내가 잘못된 인간인 건 아니야. 나는 이번에 한 가지 잘못을 했을 뿐이야. 이 잘못과 실수가 나라는 사람이 가진 가치를 훼손하지는 못해.'

대개 사람들은 자신의 존재 가치를 증명하거나 주장하는 데 어설프다. 그래서 자기가 아닌 다른 무언가에 의존한다. 돈을 많이 가졌다는 사실에 기대어 자신을 내세운다. 돈은 우리 존재의 가치를 설명하지 못한다. 지위도 마찬가지다. 우리 자신을 구성하는 요소들은 무엇인가. 인격, 습관, 꿈, 상처, 행복, 웃음, 눈물 등 셀 수 없이 많다. 사회적 지위는 수많은 구성 요소 중 하나에 불과하다. 그런데 사람들은 엉뚱한 조건들을 내세워 자신의 가치를 돋보이려고 한다. 장난감과 자신을 동일시하는 세 살짜리 아이와 다르지 않다.

명명백백한 범죄가 아니라면, 실수를 저지른 자신을 포용하는 게 맞다. 어떤 실수를 했건, 어딘가가 부족하건 자신을 있는 그대로 받아들이고 불쌍히 여기고 위로할 수 있어야 한다. 말하자면 '셀프 위로'는 '셀프 허그'다.

이런 용서의 태도가 체화되면 자연스럽게 타인도 그렇게 대하게 된다. 배우자 또는 주변 동료나 친구들도 모두 오렌지 한 박스라는 사실을 받아들일 수 있다. 그들 역시 잘못할 수 있다. 우리를 오해할 수 있고, 실수로 상처를 입힐 수도 있다. 그 잘못 한두 가지를 근거로 사람 자체를 재단하고 폄하해서는 안 된다. 이런 생각을 가지면 타인의 실수나 잘못 때문에 괴로워할 일이 훨씬 줄어든다.

싸우지 않아야 더 단단해진다

수백 개의 거울로 둘러싸인 미술관에 개가 숨어든다. 천장과 벽과 문, 바닥까지 거울이다. 둘러보니 사방팔방, 위아래로 낯선 개들이 가득하다. 송곳니를 드러내며 짖어대자 수백 마리의 개도 사납게 이빨을 드러낸다. 이러저리 뛰고 뒹굴자 수백 마리 개들도 따라 뒹군다. 개는 온 힘을 다해 다른 개들을 쫓아내려 날뛴다. 잠시도 쉬지 않는다. 다음 날 아침, 경비원이 쓰러진 개 한 마리를 발견한다. 탈진 상태다. 죽을 힘을 다해 '자신과 싸우던' 개는 생명이 위태로운 지경이다.

우화 속의 개는 자신과 싸웠다. 온 힘을 다해 자신을 향해 짖었다. 우리는 '자신과의 싸움에서 이겨야 한다'고 배웠다. 그러나 사실 '자신과의 싸움'은 우리를 더 불행하게 만들 뿐이다. '자신과의 싸움에서 이겨야 한다'라는 말부터가 이상하다. 자신과 싸워서는 이길 수가 없다. 어떤 경우든 '나'는 패배하고 상처 입는다.

'나와 싸워 이기겠다'라는 구호는 결국 마음속의 나태함, 두려움 등의 단점을 극복해 더 강하고 좋은 사람이 되겠다는 뜻일 것이다. 많은 사람이 이렇게 결심한다.

'나는 천성이 게을러 빠졌어. 시험에 붙으려면 이 게으름과 싸워야 해.'
'나는 너무 소심해. 이 성격을 이겨내서 꼭 대범한 사람으로 바뀌어야 해.'
'나는 무능하기 짝이 없어. 이 무능함과 싸워 꼭 성공할 거야.'

의도는 좋다. 더 발전할 의욕이 있고 목표 의식이 굳건하다. 그런데 문제가 있다. 자기혐오에서 출발한 다짐이라는 점이 그렇다. 이 말들에서 '나'는 마치 속에 고약한 것을 둔 사람처럼 묘사돼 있다. 이 결심을 하는 '나'의 정신은 병들어 있다. 게으름, 소심함, 무능력 등을 마치 암덩어리 보듯 한다.

우리 마음에는 암덩어리가 없다

하나의 성향은 양면성을 갖고 있다. 게으른 사람은 마음의 여유가 넘치는 사람이 될 수도 있다. 반대로 하루 종일 부지런한 사람은 여유가 부족하다. 소심한 사람은 위험한 일을 피하고 조심스럽게 행동한다. 또 모든 일에 무능력한 사람은 없다.

누구나 자신이 좋아하는 일에 관한 한 능력을 발휘할 수 있다. 우리의 정신에는 암덩어리가 없다. 다양한 특징과 개성이 있을 뿐이다. 자기와 싸워 이기자는 구호는 우리 모두가 병든 것처럼 꾸며낸다. 자기 비하와 자기부정의 구호여서 좋지 않다.

더 중요한 건, 이 구호가 과연 효과적인가 하는 점이다. 스스로 비난하고 압박하면 정말로 더 발전하고 더 많은 것을 얻을 수 있을까?

가령 회사에서 '현재보다 열 배 높은 월 매출을 달성하지 못하면 해고하겠다'라고 직원들을 압박했다고 치자. 해고당하지 않기 위해 목표를 달성하는 직원이 늘어날까? 직원들은 이 회사에서 즐겁게 일하고 회사는 번창할 수 있을까? 그럴 거라 대답하기 힘들 것이다.

우리 자신도 마찬가지다. '꼭 이뤄야 한다'라고 스스로 압박하고 목표 달성에 실패하면 큰일이라도 날 것처럼 스스로 겁박하는 태도로는 좋은 결과를 기대하기 어렵다. 세 가지 이유 때문에 그렇다.

1_____ 너무 높은 목표는 좌절을 부른다

'나와 싸워 이기겠다'라고 말하는 사람들의 목표는 대체로 아주 높다. 그러나 너무 높은 목표를 설정하면 그만큼 좌절감을 느끼기도 쉽다. 가령 매번 60점 받던 아이가 단기간에 100점을 맞겠다고 각오하거나, 몸무게를 두 달 만에 20킬로 감량하겠다고 마음먹으면 그 목표를 달성하기도 힘들뿐더러 작은 실패에도 쉽게 좌절하게 된다. 한 번 시험을 망치고는 실망해서 목표를 접고 공부 자체를 포기할 수 있고, 아이스크림을 하나 먹은 후 자괴감이 든 나머지 다시 폭식을 할 수도 있다.

목표는 성취 가능한 수위로 설정해야 좋다. 처음부터 너무 원대한 목표를 세워 스스로를 압박하는 것보다는 현실에 맞춰 조금씩 발전하기로 마음먹는 게 장기적으로 훨씬 이롭다.

2____ 자신을 비판하면 지구력이 약해진다

'나는 나태하고 무능력하다'라는 식으로 자기비판을 반복하면 지구력이 약해진다. 목표를 향해 오래 달리는 것 자체가 힘들다. 채찍질 때문이다. 스스로 나태하고 약하다고 비난하는 것은 자신에게 채찍질을 휘두르는 것이나 다름없다. 채찍질은 말을 멀리 달리게 해주지만 인간의 마음은 멍들게 한다. 맞으면서 행복할 수는 없다. 억울한 심정과 반감이 생기고 삶의 무의미함을 느끼게 한다. 다리에 힘이 풀려 오래 달릴 수 없다.

또 중간 중간 작은 성취가 있다면 '잘했다', '훌륭했어'라고 자신에게 용기를 줘야 한다. 그러지 않고 끊임없이 '아직 부족해', '더 잘해야 해'라고 스스로를 압박하면 점점 우울해져서 오히려 앞으로 나아갈 힘을 잃는다.

3＿＿＿ 자기비판은 실패에 대한 두려움을 키운다

'목표를 이루지 못하면 큰일'이라고 생각하면 실패에 대한 두려움이 커진다. 이런 두려움이 있어야 열심히 준비하고 노력한다고 주장할 수도 있지만 그 반대인 경우가 많다. 실패가 두려워 시도조차 하지 못하는 사람을 나는 너무 많이 봤다. '실패'를 곧 '파멸'로 받아들이면 두려운 마음이 먼저 고개를 드는 것이 당연하다. 낙하산도 없이 바다를 향해 뛰어내리는 것과 같은 격이다. 도전할 엄두도 나지 않는다.

많은 수험생과 직장인이 "이 목표를 이루지 못하면 나는 끝이야"라고 말한다. 그렇게 자신을 독려하는 것까지 말릴 수는 없다. 다만 속으로는 인지하고 있어야 한다. 어떤 실패를 해도 끝이란 건 없다. 그건 거짓 협박이다.

우리 사회는 오랫동안 '자신과 싸워 이겨야 한다'라고 가르쳐왔고, 그 가르침은 사람들의 내면을 이루는 단단한 틀이 되었다. 자신을 압박하고 비난하면서 싸워 극복하면 행복할까? 그런 각오를 가지면 목표를 이뤄내기가 더 쉬울까? 반대일 가능성이 더 높다.

많은 심리 이론가가 '자기 압박'보다는 '자기 사랑'이 필요하다고 강조한다. 자기 사랑은 현재의 자신을 있는 그대로 수용하고 사랑하는 것을 뜻한다. 스스로 고통과 겁을 주지 말고 따

뜻하게 응원하고 안아줘야 한다는 것이다.

구체적인 예를 들어보자. 점수가 확 떨어진 성적표를 들고 아이가 집에 왔다. 부모는 다음 둘 중 한 방식으로 말할 수 있다.

a ——— "넌 정말 문제야. 게으르고 책임감도 없어. 이렇게 공부를 소홀히 했다가는 나중에 가난해지고 불행해질 게 불 보듯 뻔해. 정신 차려."

b ——— "성적이 많이 떨어졌구나. 지금보다는 올려둬야 나중에 네가 제일 하고 싶은 일을 선택할 수 있을 거야. 엄마랑 아빠가 도와줄게. 용기를 내."

a는 비판이고 b는 포용이다. a는 아이의 가치를 부정하고 겁을 주는 말이다. b는 현재 아이의 모습을 받아들여주고 용기를 내자는 제안이다.

대부분의 부모가 a처럼 말한다. 아이가 정말 개선하기를 바란다면 b처럼 말해야 한다. 그래야 상처받지 않고 의욕이 생겨 나중에 성적을 올릴 가능성도 더 높아진다.

자기 자신에게도 마찬가지다. 스스로 이해하고 용기를 줘야 긍정적으로 변할 에너지가 생긴다. 거울의 방에 갇힌 개처럼 자신을 공격하면 점점 힘이 빠지고 고통스럽고 불행해질 뿐이다.

행복할수록 똑똑해진다

우리 사회에는 자기비판과 자기 학대가 성공의 비결이라고 생각하는 사람들이 많다. 자신을 냉정하게 채찍질할수록 더 많은 것을 얻는다고 우리는 배운다. 불행해야 성공한다고 생각하고, 행복은 성공 뒤에 얻는 선물이라고 인식한다.

미국의 유명 심리학자이자 작가인 숀 에이커Shawn Achor는 그런 믿음이 완전히 틀렸다고 말한다. 순서가 뒤바뀌었다는 것이다. 그는 "성공하면 행복해지는 것이 아니라 행복하면 성공하게 된다"라고 주장해 큰 주목을 끌었다.

그가 TED 강연에서 한 말이다.

> "우리의 뇌는 긍정적일 때 수행 능력이 대단히 높아집니다. 뇌가 부정적 정서에 젖었거나 중립적일 때, 그리고 스트레스를 받았을 때에 비교하면 긍정적인 정서 상태일 때 능력이 31퍼센트 높습니다. 지적 능력도 높아지고 창의성도 상승하고 에너지 수준도 높아집니다."

긍정적인 마음일 때, 즉 행복한 순간에 뇌는 더욱 똑똑해진다. 업무 능력도, 사고력도 훨씬 좋아지고, 당연히 성공으로 이어질 가능성도 높아진다. 행복한 뇌가 성공을 부른다. 행복이 성공의 조건인 셈이다.

끝없이 비판하고 몰아세우며 자신과 싸운다고 행복이 손에 잡힐 리 없다. 당신 자신을 믿고 받아들이는 포용의 자세가 당신을 성공으로 더 빨리 이끌 것이다.

"난 너무 뚱뚱해."

"살 빼고 싶다고?"

"응! 이번엔 꼭 성공할 거야. 죽어도! 어떤 일이 있어도!"

"아무리 그래도 너무 독한 말이다, 무서워."

"어쩔 수 없어. 난 내 몸이 너무 싫거든."

"살집이 있어도 충분히 매력적이야. 자기혐오는 좋지 않아."

"다른 방법이 없어. 내 이 끔찍한 몸매를 증오해야 날씬해질 수 있어."

"정 그렇다면 증오하는 마음 말고 사랑하는 마음으로 해봐. 0.5킬로만 빠져도 감사하고 기뻐하는 거야. 2킬로가 빠진 미래의 네 모습을 상상하면서 천천히."

"그런 생각으로 했다간 백 퍼센트 실패할걸."

"실패하면 다시 시작하면 되지, 뭐가 문제야. 그리고 자기를 몰아세운다고 성공하는 건 아닌 거 같아. 그러다 보면 다이어트도 잘 안 되고 자기혐오에만 빠져서 이중으로 손해 볼걸. 제일 중요한 건, 실패해도 괜찮다는 거야. 넌 지금 충분히 아름다우니까."

_____

나를 향한 사랑은 무조건이어야 한다

다섯 살 아이가 책을 술술 읽는다. 주변 사람들이 호들갑을
떨며 놀라워한다. 아이가 천재인가 보다며 부러워한다. 흐뭇
해진 엄마는 아이가 책을 읽을 때마다 칭찬한다. 아이가 책을
읽는 시간이 점점 길어진다. 친구와의 놀이에도 관심이 없다.
문득 불안해진 엄마가 독서를 말리기 시작한다. 아이가 거부
하자 급기야 아이 손에서 책을 빼앗아버리는 지경에 이른다.
아이는 필사적으로 책을 놓지 않으려 발버둥치고 울음을 터
뜨린다. 엄마는 더욱 완강하게 힘을 쓴다.

실랑이 끝에 책을 빼앗긴 아이가 흐느끼면서 묻는다. "책 안
읽어도 엄마는 나를 사랑할 거야?"

아이는 책을 읽어야 관심과 사랑을 받을 수 있다고 느꼈다.
독서가 '사랑받을 수 있는 조건'이 됐다. 그런데 그 조건을 억
지로 박탈하려고 하니 절망적으로 저항했던 것이다.

양상은 다르지만 성인들도 대부분 이 아이와 비슷하게 생각
한다. 어떤 가치 있는 행동을 해야 가치 있는 존재가 된다고 배

웠다. 착한 일을 해야, 말을 잘 들어야, 공부를 열심히 해야 부모나 교사에게 예쁨받는다고 믿었다. '사랑받기 위해서는 이런저런 조건을 갖춰야 한다'라는 규칙이 어린 시절부터 우리 무의식에 켜켜이 쌓였다.

영국 노팅엄대학교 스티븐 조셉Stephen Joseph 교수는 미국의 한 심리학 전문 잡지 〈사이콜로지 투데이Psychology Today〉에 실은 글에서 "사랑에는 두 가지 모습이 있다"라고 말했다. '조건 없는 사랑'과 '조건 있는 사랑'이다.

공부를 못하거나 말썽을 피워도 그와 무관하게 자녀를 아낀다면 무조건적인 사랑을 베푸는 것이다. 사회적 평가가 낮은 일을 해도 개의치 않고 그를 사랑한다면 조건 없는 사랑을 하는 것이다. 반면 어떤 기준에 맞아야만 그 사람을 사랑할 수 있다면 조건이 전제된 사랑이다.

우리는 조건부 사랑에 익숙하다. 딸의 예쁜 모습을 보면서 감탄하는 엄마가 있다. 엄마의 의도가 특별히 그렇지는 않겠지만, 그런 엄마의 모습을 보면서 딸은 자신이 계속 예뻐야 사랑받을 거라 생각할 수 있다. 독서할 때 부모가 특별히 감탄하고 칭찬한다면 아이는 독서하는 행위를 사랑받는 조건으로 믿을 수 있다. 성적이 좋을 때 부모가 유독 기분이 좋아 보이면 아이는 '좋은 성적'이 '사랑받는 조건'이라 생각한다.

이제 당신의 마음을 들여다볼 차례다. 스티븐 조셉 교수는 다음 빈칸을 채워보라고 한다.

　　　내가 가치 있는 사람이 되려면 나는 _____ 해야 한다.

반사적으로 떠오르는 생각들이 있을 것이다. 보통 이런 생각들을 한다.

　　　열심히 일해야 한다.
　　　다른 사람을 기쁘게 해야 한다.
　　　화내거나 불평하지 말아야 한다.
　　　조리 있게 말해야 한다.
　　　강해야 한다.
　　　인간관계가 좋아야 한다.
　　　능력이 뛰어나야 한다.
　　　성실해야 한다.
　　　협조적이어야 한다.
　　　예뻐져야 한다.

가치를 인정받고 사랑받으려면 뭔가 중요한 일을 해야 한다고 사람들은 생각한다. 그렇게 교육받아 세뇌된 가치관을 자녀에게도 고스란히 주입한다. 물론 모두 틀린 생각이다. 자신을 진정으로 사랑하려면 다음과 같이 생각해야 한다.

나는 무엇을 해도 가치 있다.
나는 어떤 모습이어도 소중하다.
나는 무조건 소중한 존재다.

책을 읽기 싫어하는 딸이라도 소중하다. 공부를 못하는 학생도 존중받아 마땅한 인격체다. 단점이 많은 부모라도 소중한 존재다. 우리가 서로를 소중히 여기는 특별한 이유가 따로 있어야 하는 게 아니다. 무조건적으로 애정을 표현해야 건강한 관계다. 이건 어떤 궤변으로도 부정할 수 없는 상식이다. 다만 우리가 이 상식을 구체적 언행에 적용할 능력이 없을 뿐이다. 그 방법을 배워야 한다. 다음과 같이 말하고 생각하는 연습을 하면 된다.

일을 못하는 나는 가치 없는 인간이다.
→ 꾸준히 반복하면 실력도 기회도 늘 것이다.
화를 자주 내는 나는 형편없는 인성의 소유자다.
→ 화를 잘 다스리면 나는 좀 더 멋있는 사람이 된다.

긍정적인 언행은 우리를 점점 더 나은 인간으로 만들어준

다. 무가치했던 존재가 착하게 군다고 돌연 소중한 존재로 뒤바뀌는 게 아니다. 어떤 상황에서건 우리는 소중한 존재이며, 사려 깊은 언행으로 조금씩 더 멋진 사람으로 나아갈 수 있다.

'나는 무조건 가치 있는 존재'라는 말을 계속 반복해라. 우리는 오랫동안 조건부로 사랑받기를 훈련받았기 때문에 이제라도 반복적으로 연습해야만 교정된다.

자신의 소중함을 확인하고 확신하는 다른 훈련 방법이 있다. 바로 자신의 장점을 찾아내 암기하는 것이다.

> "당신은 당신 자신을 좋아하나요?"
> "물론이죠. 나 자신을 사랑하고 있어요."
> "당신의 어떤 점이 좋은가요? 세 가지 정도만 말해보세요."
> "……."

사람들은 자신의 장점을 말해보라고 하면 순간적으로 말문이 막힌다. 친한 친구의 어떤 면이 좋은지는 금세 떠올리는데 자기 장점은 잘 알지도 못하고, 알아도 말로 표현하기 수줍어한다. 자기 자신에 대해 관심이 없고 자부심과 사랑이 부족하다는 증거다. 스스로 장점보다 단점에 더 주목하며 살아왔기 때문이다. 입사 면접 같은 자리에서 강점과 장점을 억지로 말하면서도 마음 한구석은 어쩐지 거북하고 죄책감이 든다. 장점을 드러낸다는 것이 오만한 행동인 것처럼 생각된다.

자신의 장점을 모르면 자긍심도, 자기 사랑의 수준도 낮을 수밖에 없다. 자기 장점을 분명히 알고 자신 있게 말할 수 있어야 자아를 끌어안는 힘이 강해진다.

미국의 한 심리치료 사이트(therapistaid.com)에 소개된 '긍정적 성향'의 종류를 보완해서 옮긴다. 이 도표에서 당신의 장점이 무엇인지 한번 꼽아보라.

지혜롭다	예술적 재능이 있다	호기심이 많다	리더십이 있다
정직하다	공감 능력이 있다	개방적이다	끈기가 있다
열정적이다	친절하다	마음이 따뜻하다	친화력이 있다
용감하다	협동을 잘한다	너그럽다	이해심이 넓다
유머 감각이 좋다	절제할 줄 안다	야망이 있다	창의적이다
모험심이 있다	낙관적이다	독립적이다	생각이 유연하다
반성할 줄 안다	발상이 기발하다	남을 신뢰한다	명석하다
감사할 줄 안다	겸손하다	인내심이 강하다	잘 웃는다

어떤 장점을 꼽았는가? 전엔 인지하지 못했던 새로운 장점을 발견했는가? 그렇다면 그 장점을 계속 곱씹고 기억해라. 기회가 생기면 남에게 당당히 표현해도 좋다. 구체적인 근거나 사례를 들어 이야기해본다. 예를 들면 이런 식이다.

"나는 열정적이야. 남자 친구가 나한테 반한 이유지."
"나는 독립심이 강해. 남에게 민폐를 끼치지 않는다는 말을 자주 들어."
"나는 이해심이 깊어. 그래서 힘들 때 나에게 의지하는 친구가 많아."
"나는 잘 웃는 편이야. 교수님이 밝고 건강한 에너지를 가졌다고 칭찬해주셨어."
"나는 유머 감각이 좋아. 모임에 참석한 사람들을 많이 웃게 만들어."

한 발짝 떨어져 남의 입장이 돼서 자신을 평가해봐도 좋다. 이렇게 질문하는 것이다.

'○○는 나에게 어떤 장점이 있다고 말해줄까?'
'○○는 내 어떤 모습을 사랑할까?'

사회에서 만난 사람들에게는 곧잘 좋은 면을 찾아 칭찬하면서 정작 자신에 대한 평가 기준은 지나치게 높은 사람이 많다. 그럴 필요 없다. 주변 사람을 바라보는 따뜻한 시선으로 자신을 바라보자. 우리는 모두 장점이 많은 존재다. 자신의 장점이 무엇인지 찾아내고 하루에 몇 번씩 곱씹어보자. 메말랐던 마음에 온기가 되어 '나는 사랑받아 마땅한 존재'라는 지속적이고 굳은 믿음을 갖게 해줄 것이다.

02

스스로를 미워하는
나를 이해하는 말

게으르고 느린 내게 가장 필요한 것

마트에 왔다. 갑자기 라면이 당긴다. 새로 출시된 라면이 눈에 띈다. 면이 쫄깃해서 맛있을 것 같다. 옆을 보니 국물이 개운한 생생우동이 눈에 들어온다. 생생우동을 집어 드는데 옆에 팔도 비빔면이 있다. 그러고 보니 우동을 먹기엔 날이 좀 더운 것 같다. 비빔면을 집어 드는 찰나, 그 옆의 불닭볶음면이 눈에 들어온다. 스트레스를 날릴 매운맛을 상상하니 군침이 돈다.

뭘 먹지? 아, 어렵다. 너무 오래 고민했더니 슬슬 배가 고프다. 햄버거나 먹으러 가야겠다.

흔한 '결정 장애자'의 모습이다. 먹을거리를 고르는 문제는 그래도 괜찮다. 라면을 빨리 못 고른다고 대단한 손해가 생기는 건 아니니까. 그런데 이런 결정 장애가 큰 단점으로 작용할 때가 종종 있다. 가령 '저 사람을 연인으로 선택해도 될까', '새로운 직장으로 옮겨도 괜찮을까', '어떤 집을 사야 할까' 같은 중차대한 문제 앞에서 결정 장애자들은 가혹하리만큼 어려운

난관에 봉착한다. 우물쭈물하다 끝끝내 선택을 못하고 주저앉아 시간을 보내다 선택의 기회까지 날려버리기도 한다.

결정 장애는 마음의 브레이크다. 앞으로 나아가는 것을 방해한다. 이 브레이크를 제거하면 삶이 훨씬 편해질 것이다. 먼저 결정하기를 어려워하는 심리의 정체를 밝혀야 한다.

결정 장애자는 욕심 많은 겁쟁이다

결정 장애자들 마음속엔 두 가지 심리가 숨어 있다.

첫 번째로 욕심이 많다. 달리 말해 모든 것을 빠짐없이 갖고 싶어 한다. 라면 진열대 앞에서 국물의 시원함과 면의 쫄깃한 식감과 화끈한 매운맛을 모두 원하는 것처럼 말이다. 빠른 결정을 위해서는 그중 한두 가지를 포기할 용기와 결단력이 있어야 하는데, 욕심이 많으면 그 한두 가지를 포기하는 일이 매우 어렵다.

두 번째로 미래에 대한 불안감이 크다. 나중에 후회하면 어쩌나 심각하게 걱정하는 것이다. 걱정과 불안이 가슴에 가득한 결정 장애자는 고민을 끝내지 못하고 결국에는 선택 자체를 포기하는 일도 많다.

"나는 결정 장애야"라는 말에는 이런 뜻이 내포되어 있다.

‘어느 쪽도 포기하기 싫어.’

‘후회하게 될까 봐 겁나.’

이런 마음을 어떻게 고칠 수 있을까? 치유책은 세 가지로 요약된다.

1_____ 모든 것을 다 충족할 수는 없다는 사실을 인정해야 한다. 하나를 선택하면 나머지는 포기해야 한다. 지금 라면 하나를 먹는다면 나머지 수백 가지 라면은 못 먹는다. 한 사람을 사랑하기로 선택했다면 나머지 모든 지구인을 포기해야 맞다. 이 뻔한 이치를 받아들이지 않으면 연애를 못하거나 바람둥이가 될 가능성이 높다. 선택에는 언제나 ‘포기’가 내포된다. 모든 걸 다 가질 수 없다는 것만 인정하면 선택이 훨씬 수월해진다.

2_____ 자신의 직관을 믿어야 한다. 생각을 많이 한다고 해서 반드시 좋은 결과가 나오는 건 아니다. 생각이 많으면 피곤해지고, 피곤해지면 판단력이 흐려진다. 머리에 번쩍 떠오른 것을 중심으로 선택하자. 최소한의 고민만 한 후 결정을 내린다. 그다음엔 돌아보지도,

후회하지도 않는다. '혹시 내가 잘못 선택한 게 아닐까' 하는 불안이 점점 사라진다.

3___ 시간제한을 두고 고민한다. 작은 문제라면 10분 안에 결정해야 한다는 규칙을 정하고 일단 결정한 후에는 돌아보지 않는다. 크고 중요한 문제라면 24시간을 시한으로 삼으면 된다. '점심시간 전까지' 또는 '오늘 밤 12시까지' 등으로 정해도 된다. 예를 들어 직장을 옮길지, 말지 막연하게 고민하지 말고 제한된 시간 내에 결정하도록 데드라인을 정해둔다.

　인간의 선택은 완벽할 수 없다. 그러므로 완전히 만족스러운 선택도 불가능하다. 만족은 언제나 부분적으로만 충족된다. 충족되지 않는 부분이 있다는 건 당연하고 자연스러운 일이다. 완전한 만족을 위해 애쓰지 말아야 할 이유다.

　안타깝게도 현실엔 완벽한 기쁨의 순간이 없다. 100퍼센트 순수하게 행복하기만 한 시간도 찾아오지 않는다. 선택을 아무리 신중하게 한다고 해도, 우리는 부분적으로만 기쁘고 행복하다. 완전무결한 선택을 기대하지 말자. 일단 선택했으면 뒤를 돌아보지 않는다. 이것이 '결정하지 못하는 고통'에서 우리를 구하는 방법이다.

게으름은 두려움의 다른 말이다

나는 할 일을 자주 미룬다. 꼭 데드라인에 가까워져야 일을 시작한다. 뭐든 압력을 느껴야 움직인다. 과제를 최대한 늦게 시작하고, 회의 준비도 더는 미루면 안 되는 상황까지 늦춘다. 서류 제출은 남들보다 언제나 늦고 지각도 자주 한다. 심지어 노는 것도 미룬다. 여행 숙소를 예약하거나 콘서트나 영화 티켓을 예매하는 일도 지체한다. 이렇게 할 일을 미루는 버릇 때문에 후회할 때가 많다. 친구들은 내 천성이 게으르다고 한다.

중요한 일인데도 제시간에 시작하지 못하는 이들이 있다. 미룰 수 있는 만큼 미루고 마감 시간이 가까워져서야 팔을 걷는다. 시간에 쫓겨 처리하니 일 처리도 깔끔하지 않다. 당연히 제 실력을 발휘하지 못한다. 이들은 언제나 '할 일이 남아 있다'는 생각에 삶이 피곤하다.

주변에서는 말한다. "너는 너무 게을러!"

틀린 말은 아니다. 그런데 다른 시각으로도 설명 가능하다. '자기 능력에 대한 믿음이 약한' 것이다. 다시 말해 일을 완벽하게 해내지 못할 것 같은 걱정이 우리를 꾸물거리게 만든다.

사람들을 집에 초대해서 요리를 한다고 치자. 인터넷으로 레

시피를 찾아보고 장을 봐 와서 파스타를 만들어냈다. 오랜 시간과 공을 들였다. 그런데 요리를 맛본 사람들의 반응이 제각각이다. 맛있다고 하는 사람도 있지만 시원찮은 반응을 보이는 사람도 있다. 내 경우엔 내가 만든 음식을 맛본 친구가 곧바로 얼굴을 찌푸린 적도 있다.

이런 경험이 반복되면 그 사람은 '요리가 힘들어서'가 아니라 '평가가 무서워서' 요리를 기피하게 된다. 부정적인 평가에 대한 걱정과 거부감이 시도를 미루게 하는 것이다. 또 스스로 자기 요리 솜씨에 대해 자신감이 없어서 꾸물거릴 수도 있다.

공부할 때도 마찬가지다. 시험공부를 해야 하는데 시작하기가 싫다. 영어 단어를 외우는 것 자체가 힘든 일이지만 더 큰 방해 요소는 '공부를 해도 시험 결과가 나빴던 과거의 경험'이다. 이런 부정적인 경험을 기억하고 자신의 능력에 대한 불신이 커졌기 때문에 공부를 해야 한다는 동기부여가 점점 약해진다.

그렇다면 반대로, 시험 성적이 좀 나빴더라도 아무도 비난하지 않는 행복한 환경에 살고 있다고 가정해보자. 그 학생은 결과에 대한 두려움이 없으므로 시험이 무섭지도, 공부하기를 무한정 미루지도 않을 것이다.

우리가 무언가를 선뜻 시작하지 못하고 꾸물거리는 진짜 이유는 결과에 대한 두려움 때문이다. 주변 사람들이 그 결과에 대해 평가하고 비난할지도 모른다는 공포심 때문에 움직이지 못하고 멈춰 서 있는 것이다.

아침에 일어나기 싫어서 미적대는 것도 같은 관점으로 설명된다. 피곤한 것도 아닌데 잠자리를 털고 일어나기 싫을 때가 많다. 너무 오래 자서 허리가 아플 지경인데 이불 속에서 꾸물거리고 있는 게 가장 행복하게 느껴진다. 왜일까? 정말 단순히 게을러서일까? 아니면 오늘 어떤 일을 해봐야 결과가 좋지 않을 것이라는 낙담, 걱정 때문일까?

"일어나기 싫다"라는 말은 이렇게도 해석된다.

'세상이 무서워.'
'하루를 잘 보낼 자신이 없어.'

공부나 회사 일만 그런 게 아니다. 즐거운 일도 마찬가지다. 연인과 맛있는 식사를 하기 위해 맛집을 검색한다 치자. 의심을 시작하면 끝도 없다. 광고성 글에 속을 수 있다. 자신과 입맛이 전혀 다른 사람이 쓴 과장된 정보일 수도 있다. 동영상을 봐도 연출된 것이 아닐까 의심스럽다. 겨우 마음에 드는 음식점을 찾아내서 데려갔는데 연인이 음식 맛에 실망할 수도 있다. 혹은 그런 경험이 예전에 있었다면, 처음부터 맛집을 찾아보는 것부터가 싫어지는 게 당연하다. 미루고 미루다 더는 미룰 수 없는 순간에 가서야 마지못해 검색창을 열어볼 것이다.

누군가와 함께 볼 영화를 고르고 예매하는 것조차 힘들다. '재미가 없으면 어쩌지?', '친구가 스크린이 너무 멀다고 하면 어쩌지?' 등등 걱정이 끝도 없다. 스스로 영화를 선택하는 센스가 부족하다 생각되면 더더욱 앞장서서 예매하기가 싫어진다. 그래서 최대한 늦추거나 남에게 그 역할을 미룬다.

"귀찮다"라는 말은 이렇게 해석될 수 있다.

'나 아무래도 이 일을 제대로 못해낼 것 같아.'
'나는 지금 아무것도 할 힘이 없어.'

일을 제때 시작하지 않는 습관은 삶을 더 피곤하게 만든다. 억지로 움직이니 효율성도 떨어진다. 움직이지 않고 제자리에 멈춰 서서 생각하는 것만으로 힘이 빠진다. 이런 습관은 어떻게 고칠 수 있을까?

가장 필요한 건 '뻔뻔한 마음'이다. '좀 틀리면 어때' 생각하는 것이다. 재미없는 영화를 고를 수도 있고, 성적이 안 나올 수도 있다. 그게 인간이다. 무슨 일이든 100퍼센트 완벽하게 해낼 수 없다는 걸 받아들여야 한다.

100퍼센트의 인정을 받는 것도 불가능하다. 그런 상황은 절대 존재하지 않는다. 한 사람을 두고 만 명이 모두 동의하는 칭찬은 있을 수 없다. 요리를 해줬는데 맛없게 먹는 사람들이 있을 수 있고, 열심히 수행해서 낸 과제의 어느 부분을 교수가 탐탁지 않아 할 수도 있다. 그렇다고 그것이 우리가 무능하다는 답을 내릴 근거가 되는 건 아니다. 모든 일에 좋은 평가를 받을 수 없는 건 너무나 당연한 세상 이치다. 타인의 비판 앞에서 뻔뻔해지면 일의 시작을 무한정 미루는 습관이 줄어든다. '귀차니즘'에서 벗어나 활력을 되찾을 수 있다.

　'소심한 결정 장애자'와 '게으른 귀차니스트'는 한 가지 공통적인 마음을 갖고 있다. 불안감이다. 결정 장애자는 '내 선택이 나와 타인을 완전히 만족시킬 수 없다'라는 불안감을 갖고 있다. 게으름쟁이는 '내 노력이 남을 만족시킬 수 없다'라는 불안감에 휩싸여 있다.

　해결 방법은 그런 불안감을 흘려보내는 것이다. 만족을 못 시켜도 어쩔 수 없다고 생각하면 도움이 된다. 약간의 불만족 상태에서 살아가는 것이 인간의 운명이다. 우리가 가진 의지와 힘만으로 그 운명을 뒤집는 것은 불가능하다. 만족과 불만족은 우리의 능력 밖에 있는 문제라 생각하면 편하다. 자신이나 남을 만족시키지 못할 것 같아 불안해할 이유가 없다. 원래 그런 이치일 뿐, 개개인의 잘못이 아니기 때문이다.

　불안감을 떨치고 나서는 뻔뻔해지는 연습을 하면 된다. 편하게 생각하는 훈련을 하는 것이다. 자신의 선택이나 노력이 좋지 않은 결과를 가져오더라도, 누구나 틀릴 수 있고 또 그것이 부끄러운 일이 아니라는 걸 받아들여야 한다. 선택이나 결정을 두려워하는 사람일수록 그런 대범한 마음가짐을 의식적으로 가지려고 노력하는 게 중요하다. 이것은 '나를 사랑하는 일'과도 일맥상통한다. 설사 틀렸거나 부족했더라도 스스로 응원하고 옹호하는 마음을 갖는 연습이기 때문이다.

"회사 일이 너무 귀찮아. 그래서 요즘은 뭐든 시작을 미루게 돼."

"귀찮은 게 아니라 무서운 거 아니야?"

"아니, 그냥 하기 싫은 거야. 무서울 게 뭐 있어."

"다른 사람들이 비판할까 봐 걱정된다거나, 그런 거 말야."

"모두가 내가 한 일을 인정해주고 흡족해하면 당연히 기쁘겠지."

"백 퍼센트 만족시킨다는 건 어차피 불가능한 꿈이야. 최선을 다한 후에 뻔뻔하게 널 변호해."

"할 수 있는 만큼만 하고 신경 끄라는 말이구나?"

"그렇지. 당당하고 뻔뻔해져."

자기혐오에 빠진 사람들의 5가지 증상

숲에서 맹수를 만나면 나는 황급히 도망칠 것이다. 생존 확률을 0.01퍼센트라도 높이기 위해 사력을 다해 달아날 것이다. 맹수가 다리를 물면 맨주먹으로 얼굴을 때리며 최후의 순간까지 저항할 것이다. 그런 최악의 상황을 가정해보면 나는 분명 나를 사랑하고 보호하려 한다. 그러나 일상생활에서는 그러지 않는다. 아무것도 아닌 일로 나 자신을 비난하면서 시시때때로 고통 속으로 나를 데려간다. 자기 파괴적인 생각을 부추긴다. 나는 내가 무섭다. 정말 내가 나를 사랑하는 게 맞는 걸까?

자학과 자기비판을 일삼는 습관은 내면에 포악하고 위험한 맹수를 기르는 것과 같다.

사실 모든 생명체는 자신을 사랑하게 되어 있다. 인간도 내면 깊은 곳에서는 자신을 뜨겁게 사랑한다. 그런데 인간은 다른 생명체와는 판이한 환경에 속해 있다. 자라면서 자신을 미워하도록 배운다. 가령 더 많은 것을 얻기 위해 현재의 자신을 부정한다. 경쟁에서 이기기 위해서는 쉬지도 잠자지도 말아야 한다. 이런 환경이니 많은 사람이 자신을 사랑하면서도 괴롭힌다. 아주 미운 존재인 것처럼 자신을 학대하고 비판한다.

결국 자신을 미워하는 마음도 가까이 들여다보면 온전한 미움이 아니다. 다 이유가 있고 선의가 있다. 충분히 이해하고 보듬으면 해결될 감정이다. 자기혐오에 빠진 사람들의 가장 중요한 특징 다섯 가지를 꼽았다.

1____ 잘못에 집착한다

자기 사랑에 서툰 사람들은 실수나 잘못에 과도하게 집착한다. 그날그날 무슨 잘못이나 실수를 한 것은 없는지 꼼꼼히 따진다. 친구들과 헤어진 후 집에 돌아와서는 실언을 하지 않았는지 그날 모임을 처음부터 끝까지 치밀하게 복기한다. 그러다 그릇된 행동이나 멍청한 말을 했다고 판단되면 그때부터 마음의 전쟁이 시작된다. 가슴을 치고 이불을 차며 경솔했던 자신을 원망하고 후회한다.

자신을 싫어하는 사람들은 자기 실수에 관한 한 거의 천재적인 기억력을 발휘한다. 오래전의 잘못도 완벽하게 기억해내고 십수 년 전 저지른 실수가 어떻게 일어났는지 당장이라도 세세하게 브리핑할 수 있다. 어릴 적 실수했을 때, 나쁜 행동을 들켜서 야단맞았을 때 느낀 감정의 종류와 강도까지 선명하게 기억한다. 선생님이나 부모님 그리고 친구들의 표정까지도 머리에 새겨져 있다. 비상한 기억력을 가진 것이 애처로울 지경이다. 그들은 자신이 무슨 잘못을 했는지 평생 잊지 못하고 죽을 때까지 상기해야 한다.

왜 우리는 이렇듯 자기 잘못에 집착하는 걸까? 의도는 선하다. 실수를 줄이기 위해서다. 규범에 어긋나는 행동을 막기 위해서다. 부모가 자식을 염려하는 것과 같은 이유로 스스로에게 끊임없이 잔소리한다. 두 번 다시는 같은 실수를 반복하면 안 된다고 말이다.

2 ____ 성취를 평가 절하한다

자신이 성취한 것은 유독 무시하는 사람이 있다. 프로젝트를 성공적으로 마쳤거나 공부를 열심히 해서 좋은 성적을 거두었다면 스스로에게 박수를 보내야 마땅하건만, 이렇게 말한다.

"아직 많이 부족해. 앞으로 해내야 할 일이 더 많아."

충분히 노력하지 않았다는 야박한 평가다. 다른 사람에게는 그러지 않는다. 흔쾌히 칭찬하고 지지한다. 그러나 자신이 쏟은 노력과 얻은 성취에 대해서는 유독 점수를 짜게 준다. 아직 노력이 부족하고 성과가 크지 않으니 안도하고 쉴 자격이 없다고 되뇐다.

3___ 비교해서 열등감을 느낀다

스스로를 업신여기는 사람일수록 남과 자신을 비교하는 일에 적극적이다. 문제는 자신보다 세속적으로 우월한 사람과 비교한다는 것이다. 더 화려한 집에 살고 더 값비싼 차를 모는 사람과 자신의 처지를 비교한다. 당연히 자신이 가진 것이 모두 보잘것없게 느껴진다. 친구의 데이트와 자신의 데이트를 비교하며 자신의 사랑을 스스로 폄하하는 이들도 많다. 괴로운 게 당연하다. 거울 속의 자신은 더 초래해져만 간다.

'나'라는 존재는 정말 이상하다. 다른 사람과 자신을 끊임없이 비교하면서 스스로를 비참하게 만들기를 즐긴다.

많은 사람이 자기도 모르게 타인과 자신을 비교한다. 이런 비교 본능은 의식적으로 제어하거나 멈출 수가 없을 만큼 강력하고 빠르게 일어난다. 또 앞에서 언급했듯 자신의 노력을 비판한다. 본질적으로는 모두 물욕에서 출발한 생각이다. 더 많은 것을 소유하려는 세속적 욕망의 표출인 것이다.

가진 것이 많은 사람과 자신을 비교하면서 스스로를 비참하게 만들어야 이를 악물고 일할 거라 믿는다. 또 이제껏 쏟은 노력이 부족하고 무가치하다고 폄하해야 오기를 품고 더 노력할 원동력이 생긴다고 생각한다. 이만하면 됐다고, 지금에 만족해도 괜찮다고 스스로에게 말해주면 안주할 거라 믿기 때문에 자신을 끊임없이 비정하게 훈련한다.

4_____ 타인의 동의를 구걸한다

자기를 미워하는 사람들은 타인의 동의를 갈망한다. 어린 짐승이 어미젖을 구하듯 주변 사람들의 동의를 구걸한다. 누군가 자기 생각에 동의해주면 힘이 생기고, 그렇지 못하면 크게 절망한다. 다른 사람의 동의가 정신적 버팀목이자 등불이 된다. '내가 생각할 때 이것은 옳다'라고 스스로 평가하고 결정해버리면 간단할 텐데, 스스로를 믿지 못하는 사람은 그럴 능력이 없다.

타인의 동의에 지나치게 기대는 것은 자신에 대한 믿음이 약하다는 증거다. 자신의 지성과 판단력이 형편없다고 생각하는 것이다. 반면 주변 사람들은 모두 똑똑하고 현명하며 판단력이 뛰어난 것처럼 보인다.

5_____ 감정을 숨긴다

스스로를 부정하는 사람은 자신의 감정마저 부정한다. 주로 부정적인 감정을 숨긴다. 화가 나도 말하지 않고 감추려 한다. 이처럼 화를 부정하는 태도는 마음의 병을 일으킨다. 오랜 시간 꾹꾹 눌러뒀던 화가 한순간에 폭발해 관계를 그르치기도 한다.

감정을 숨기고 부정하는 이유는 그 감정이 옳지 못하다고 여기기 때문이다. 어린 시절 감정을 표현할 기회나 자유를 박탈당했거나 감정을 드러냈다가 자주 야단맞았던 사람들에게 이런 성향이 두드러지게 나타난다. 화가 나거나 싫거나 짜증이 나면 그것이 정당하지 못하다고 먼저 부인하는 것이다. 그러한 감정을 느끼는 자신의 '비뚤어진 마음'이 잘못이라 생각하고 들키지 않기 위해 이를 악문다. 불행할 수밖에 없다.

부정적 감정을 감추는 사람들은 또한 버림받을지 모른다는 공포감이 크다. 화를 내거나 남의 의견에 반박하면 상대가 실망하고 자신을 외면할지도 모른다는 막연한 두려움 때문에 감정을 짓누른다. 그러나 영원히 숨길 수 있는 감정은 없다. 언제든 어떤 형태로든 터져 나오게 되어 있다.

나는 나의 적이 아니다

우리는 때때로 자신의 내면이 맹수처럼 포악하다고 느끼곤 한다. 우리를 부당하게 억압하는 직장 상사보다 스스로를 비난하는 목소리가 마음을 더 괴롭힌다. 그럴 때 우리는 이렇게 외치고 싶은 충동에 휩싸인다.

'나를 제일 괴롭히는 가장 큰 적은 바로 나야. 정말 지긋지긋해!'

아주 흔한 푸념이다. 그럴듯하다. 하지만 사실은 다르다. 우리는 사실 우리 자신을 깊이 사랑하고 있다. 다만 사랑하는 방법을 모를 뿐이다.

어떤 이성을 마음 깊이 사랑하는데 그 감정을 표현할 줄 모르는 사람들이 있다. 또 사랑을 키우고 지속하는 방법에 무지한 이들이 대부분이다. 오래된 부부에게도 사랑은 어렵다.

자신을 사랑하는 일도 마찬가지다. 자신에 대한 사랑이 열등감과 자기비판, 자기 무시 등으로 비뚤게 표현되는 일이 허다하다. 마음과 달리 끊임없이 스스로를 괴롭히는 모습은 마치, 자식이 더 행복해지길 진심으로 바라면서도 핀잔을 주고 억압하는 엄마와 비슷하다.

성인이 되면 그런 엄마를 비난하는 대신 이해하게 되는 것처럼, 스스로에게 가혹한 우리도 이해의 대상이 되어야 한다. 우리는 우리의 살점을 노리는 맹수가 아니라 우리의 행복을 비는 가장 소중한 친구다. 그렇게 생각할 때 비로소 자기 자신과의 갈등이 해소될 실마리가 생긴다.

"난 내가 싫어. 무능하고 바보 같아. 거울을 보고 있으면 창피하기 짝이 없어."

"나는 어때? 나는 부끄러운 친구야?"

"아니, 전혀 아냐. 넌 유능하고 머리도 좋잖아."

"사실은 나도 내가 부족한 인간이라고 자주 생각해. 그리고 네가 부러울 때가 많아. 내가 보기에 넌 똑똑하고 능력도 뛰어나."

"마음에 없는 말 하지 마. 어떻게 나 같은 애를 부러워하니?"

"진심이야. 사람에게는 타인을 더 큰 사람으로 보는 심리가 있대. 자신은 보잘것없어 보이고 타인은 거인처럼 보이는 거지. 나도 자주 그래."

"너도 그럴 줄은 몰랐어."

"나는 주변 친구들만큼 현명하고 그들만큼 소중하고 그들만큼 멋있다고 생각하면 되지 않을까? 다들 동등하게 못나고 잘났다고 생각하는 거지. 자신을 창피하게 여길 이유가 전혀 없어."

우아하고 섬세해서 쉽게 상처받는 나

기분 좋은 아침이었다. 부장님이 짜증을 부리기 전까지는 말이다. 나는 잘못한 게 하나도 없었다. 억울한 마음에 더 화가 났다. 오후가 돼도 기분은 나아지지 않았다. 데이트를 하는 동안에도, 집에 돌아오는 지하철에서도 계속 울적했다. 부장님의 짜증 섞인 그 한마디만 아니었어도 나는 오늘 행복했을 것이다.

하루의 행복을 그가 앗아갔다. 그는 강하다. 절대 강자다. 10초쯤 짜증 부리는 걸로 누군가가 누릴 하루 동안의 행복을 날려버렸다. 반면 '나'는 절대 약자다. 무례한 그 사람의 말 한마디에 지배당했다. 그가 잘못 놀린 혀 하나로 하루치 행복을 내놓았다. 그렇게 비교하자니 부당하게 너무 큰 손해를 본 것 같다. 다시 억울해진다. 어떻게 해야 할까?

완벽한 방법은 타임머신을 타고 그가 짜증을 부리기 직전의 시간으로 가는 것이다. 그 자리를 피하거나 귀를 막거나 그의 입을 막아버리는 거다. 그렇지만 과거로의 시간 여행은 불가능하다.

그렇다면 미래에 할 수 있는 일은 뭘까? 내일 부장을 찾아가 항의한다면? 어제 부당하게 짜증 낸 바람에 하루 종일 기분을 잡쳤다고 따진다면? 당신이 나의 행복을 앗아갔으니 책임지라 말한다면? 아마 부장은 아무 말도 할 수 없을 것이다. 자기가 무슨 말을 뱉었는지도 기억 못 할 것이므로. 말문이 막혀서 '얘가 정신적으로 무슨 문제가 있나' 생각할지도 모른다.

의도했든 아니든 우리는 다양한 사람을 만나며 살아야 한다. 그중에는 우리의 기분을 속수무책으로 망치는 사람도 있다. 그럴 때마다 어떻게 해야 할지 몰라 난감하다. 기회가 닿는다면 정중하고 정확하게 항의를 하고 싶지만 그게 쉽지는 않다. 사회생활에서 이런 태도는 위험 부담이 따른다. 그래서 대부분의 경우 불쾌한 감정을 혼자서 해결하거나 가까운 사람들에게 토로한다.

말 한마디에 상처받으면 내 잘못?

남의 말 한마디에 상처받고 기분을 망치는 일은 큰 손해다. 이런 손해를 피하기 위해 앞서야 하는 것은 원인 분석이다.

먼저 상투적인 원인 설명법이 있다. 자존감이 낮아서 상처를 잘 받는다고 해석할 수 있다. 어릴 때 자주 불행을 느낀 아이를 상상해보자. 작은 잘못을 해도 크게 야단맞고 과도한 비난을 받는다. 아무것도 아닌 일로 즐거움과 행복을 송두리째 빼앗기는 걸 수없이 경험한다. 이런 경험이 반복되면 불행한 생각이 습관이 된다. 걸핏하면 불행해진다. 사소한 자극이나 말 한 토막도 아이를 고통 속으로 빠뜨린다. 수도 없이 야단맞은 탓에 마음의 방어력이 약해져서 쉽게 상처를 입는다.

게다가 이런 아이는 상처받은 마음을 치유할 길을 모른다. 그 길을 가본 적이 없기 때문이다. 누군가에게 전폭적인 지지와 응원을 받아보지 못했으니 스스로를 어떻게 지지해야 할지 방법을 모른다. 결국 마음의 상처는 계속해서 덧나고 곪아간다.

"나는 남이 하는 행동에 쉽게 기분이 상해"라는 말은 다음과 같이 해석된다.

　　'나는 불행에 익숙해.'
　　'나는 불행한 나를 위로할 줄 몰라.'

자존감이 낮아서 쉽게 상처받는다는 설명도 일면 타당하다. 그러나 문제가 있다. 이런 분석은 한 번 상처받은 피해자의 가슴에 또 하나의 생채기를 남긴다. '상처를 쉽게 받는 너에게 문제가 있어'라고 책임을 떠넘기는 접근이기 때문이다. 스스로

조차 이런 식으로 생각하면 자존감이 추락하는 속도만 가속
화될 뿐이다.

상위 20% 감수성을 가진 사람들

상처를 잘 받는 사람에게 자부심을 심어줄 해석도 있다. '마음
이 특별히 우아하고 섬세하기 때문에 상처가 잘 나는 것'이라
고 말할 수 있다.

미국 심리학자 아서 아론Arthur Aron은 기능적 자기공명영상fMRI
으로 뇌를 스캔하여 연구한 결과 '인류의 20퍼센트가 민감한
뇌를 갖고 있다'라는 사실을 발표했다. '민감성 뇌'를 가진 사람
들은 미세한 자극에도 감정적 반응을 보인다. 말하자면 쉽게 상
처받을 유전적 조건을 타고난 사람들이다. 그런데 이 20퍼센트
에 포함된다고 문제 있고 열등한 사람일까? 그렇지 않다. 감성
이 풍부한 사람으로 볼 수 있다.

그는 연구 결과를 발표하면서 이렇게 설명했다.

> "불운한 사람들을 돕기 위해 뛰어드나요? 슬픈 영화 장면을
> 보고 우나요? 또 당신을 신나게 했거나 감동시킨 사건이나
> 사진을 트윗하나요? 그렇다면 당신은 유전적으로 공감을 잘
> 하는 20퍼센트에 속할 수도 있습니다."

다른 사람 때문에 마음을 쉽게 다친다면 공감 능력이 뛰어나다는 증거가 된다. 슬픈 일을 슬프게 느낄 능력이 있고 힘든 사람을 보면 돕고 싶은 마음이 생긴다. 신나는 일을 하며 큰 희열을 느낄 능력도 있다. 이것이 민감한 사람의 특징이고 능력이다. 민감한 것은 열등한 것이 아니다. 오히려 남들보다 감정이입 능력과 감수성 수준이 높은 것이다.

이런 민감한 뇌를 가진 사람은 예술적 감각이 뛰어나다. 시한 구절에 가슴 깊이 감동하고 아름다운 그림을 남다른 시각으로 감상하는 미학적 능력이 뛰어나며 영화 대사 한 줄에서 큰 감명을 받는다.

남이 무심코 던진 말 한마디에 쉽게 상처받는가? 그래서 괴롭지만 잘 고쳐지지 않는가? 그렇다면 당신은 상위 20퍼센트에 드는 섬세한 뇌의 소유자다. 뛰어난 공감 능력과 예술적 감각의 소유자다. 이런 우월한 뇌를 가진 것은 큰 축복인데, 그 대신 치르는 대가가 마음의 상처일 뿐이다.

이렇게 생각하면 오늘도 상처받은 마음에 조금은 위안이 될 것이다. '그래, 나는 상처를 잘 받아. 우아하고 섬세한 감성을 지녀서 그래'라고 자부하자.

물론 우월해서 받은 상처라도 상처는 어쩔 수 없이 아프다. 상처는 안 받는 게 최선이고 그게 안 되면 그 상처를 최소화해야 한다. 방법이 없을까? 남의 말에 유난히 잘 다치는 섬세한 마음을 어떻게 보호해야 할까?

이건 동서양을 떠나 많은 사람이 고민해온 문제다. 해외 전문가들의 조언을 종합해보면, 가장 필요한 마음은 오만함 혹은 자부심이다. 시건방져져라. '하찮은 자극들이 나를 해칠 수 없어'라고 선언하라.

> '나를 좌절하게 만들 수 있는 건 나뿐이야.'
> '나는 소중해. 상처받기 아까운 존재야.'
> '나는 마음이 방탄이야. 저급한 공격에 다치지 않아.'

세상엔 저질스러운 것들이 많다. 무례한 행동, 부주의한 말 한마디도 말하자면 저급한 공격들이다. 그런 수준 낮은 것들 때문에 다치기엔 당신이 너무 소중하다. 이런 경우는 얼마든지 오만해도 된다. 일일이 휘둘리고 상처받느니 무한한 자부심으로 무장하는 편이 훨씬 낫다.

말 한마디에 상처받지 않는 방법 다섯 단계를 소개한다.

1_____ 일단 기분이 상했다는 사실을 인정한다. 짧은 말 한마디 때문에 하루 종일 불행한 느낌에 빠져 있었다면 다시 한 번 그 상황을 객관적으로 돌아보자. 황당하다는 생각이 들 것이다. 말 몇 음절 때문에 몇 시간

동안 고통받았다는 게 불합리하고 괴상하지 않은가. 상황의 불합리성을 깨닫고 나면 그 상황에서 벗어날 의욕이 생긴다. 그 일이 생기기 전의 '기분 좋은 나'로 돌아가려는 욕망이 생긴다.

2___ 화살 같은 말을 던진 사람에 대해 판단하지 마라. '대체 왜 그랬을까' 생각할수록 더 깊은 수렁에 빠져든다. 물론 정신질환자나 악질이 아니라면 그런 말을 한 특별한 이유가 있겠지만, 그 이유를 유추할수록 괴로운 건 자기뿐이다. 더 생각해봐야 답도 없고 마음만 계속 괴로울 뿐이다.

3___ 만일 그 상대가 평소 언제나 '수준 이하의 태도'만 보여준 사람이라면 대응은 완전히 달라져야 한다. 잊어버려라. 철저하게 무시해라. 불쾌해지면 지는 것이다. 웃고 넘겨야 이롭다.

4___ 마음의 상처는 우월성에서 나온 거라 믿어라. 남보다 유독 감수성이 풍부해서 벌어진 일이다. 과학이 그렇게 설명한다.

5—— 모든 경우 '나는 쉽게 상처받기엔 너무 아까운 존재
야'라고 다짐하듯 말해라. '그런 일로 내 소중한 기
분과 하루를 망치는 건 우스운 일이야' 혹은 '내가
왜 그 말 한마디에 하루 종일 불행해야 해?'라고 말
해보라. 무례한 사람으로부터 당신의 마음을 보호하
는 말이다.

"아침에 카톡으로 팀장 얘기한 거 기억나? 정말 불쾌해서 견딜 수가 없어."

"그래, 정말 이상한 행동이었어. 그래서 지금도 기분이 별로구나?"

"응, 하루 종일 너무 짜증 나."

"그럴 거야, 충분히 이해해. 그렇지만 웬만하면 털어내려고 해봐. 생각해보면 그것도 자존심 상하는 일이야."

"뭐가?"

"갑자기 누가 너희 집에 쳐들어와서 집 안 가구들을 부순다고 생각해봐. 어쩔래? 내쫓거나 경찰을 부르겠지. 마음도 마찬가지야. 네 마음에 아무나 들어와 뒤집게 놔둬서는 안 돼. 네 마음은 정말 소중한 거야. 아무나 널 불행하게 만들 수 없어. 그걸 허락하지 마."

나는 내가 기억하는 것보다 훨씬 행복했다

"아홉 살 때 강릉으로 가족 여행 갔는데 내가 넘어져 다쳤어. 무릎이 심하게 까졌는데 엄마는 왜 뛰었냐고 야단만 쳤지. 그때 엄마가 얼마나 원망스러웠는지 몰라. 열두 살 때 내가 책 읽기 싫다니까 엄마가 화내면서 책 집어 던졌던 거 기억나? 엄마가 너무 무섭고 싫었어. 수능 앞두고 성적이 떨어져서 풀죽은 나한테 엄마는 말했어. 그러니까 열심히 좀 하지 그랬냐고. 내가 열심히 하지 않은 거 같아? 가뜩이나 우울해하는데 위로 좀 해주면 어디가 덧나? 엄마는 왜 나한테 상처만 준 거야?"

엄마와 말다툼을 하다 참고 참았던 옛날 얘기를 마구 쏟아냈다. 말하다 보니 아팠던 기억들이 줄줄이 튀어나왔다. 흥분이 좀 가라앉고 나니 미안한 마음이 들었지만 억울한 심정은 가시지 않았다. 왜 나는 이렇게 불행하게 살아야 했을까.

이 딸은 어린 시절 엄마의 언행으로 인해 상처를 깊이 받은 게 분명하다. 사건의 세부 내용을 정확하게 기억하고 있다는 게 그 증거다. 그리고 엄마 역시 딸 못지않게 가슴이 아플 것이다. 딸에게 공격받은 게 원통해서가 아니라, 사랑하는 딸에게 씻을 수 없는 상처를 줬다는 사실이 애통할 것이다.

그러나 어린 시절 아픈 기억이 아무리 많았어도 그녀의 삶 자체가 불행했다 단정할 수는 없다. 또 이 엄마가 매정하고 나쁜 엄마였다 결론 내릴 수도 없다. 왜냐하면 기억은 공평하지 않기 때문이다. 특히 불행의 기억은 아주 쉽게 과장된다. 기억 속에서는 불행하고 슬프고 나쁜 사건들이 시간이 지날수록 훨씬 크게 부풀려진다. 딸도 엄마도 실제보다 더 불행하게 과거를 기억하고 있을 확률이 높다.

뇌는 불행한 일을 더 좋아한다

'나쁜 것이 좋은 것보다 강하다.'

2011년 미국 플로리다주립대학교 사회심리학 교수 로이 바우마이스터Roy Baumeister가 발표해 화제를 모은 논문 제목이다. 좋은 일보다 나쁜 일을 더 오래 기억하게 되는 경향은 인간 본성에 있다고 그는 설명한다.

어렵지 않게 공감할 수 있는 말이다. 나 자신만 봐도 나쁜 일을 더욱 선명하게 기억한다. 충격이 강하기 때문이다. 어린아이가 소중한 장난감을 잃어버리면 세상 전부를 잃은 듯한 충격을 받는다. 아주 친한 친구에게 배신당한 경험, 많은 사람 앞에서 어처구니없이 큰 실수를 한 경험 역시 잊지 못할 충격이다. 부모에게 혼이 나가도록 야단맞고 매를 맞았다면 어린아이는 생명의 위협을 받은 것이나 다름없게 기억한다. 이런 나쁜 일들은 나무에 새긴 글자처럼 또렷하게 남아 있다. 반면 좋았던 일은 상대적으로 임팩트가 약해 기억에 잘 새겨지지 않는다.

구체적인 사례를 두고 비교해보자. 10만 원을 얻은 경험과 잃어버린 경험이 있다면 어느 쪽이 더 선명하게 기억될까? 당연히 후자다. 10만 원을 받았거나 번 기억은 지워질 확률이 높다. 친구에게서 칭찬받은 경우와 비난받은 경우는 어떨까? 비난이 더 오래, 더 강렬하게 기억에 남는다. 좋은 사람을 만난 경험과 나쁜 사람을 만난 경험 중에서는 후자의 불쾌한 기억이 압도적으로 오래 기억된다.

부모에게 사랑받은 기억과 야단맞은 기억도 마찬가지다. 사랑받은 기억은 희미해지고 야단맞은 기억은 깊이 각인된다. 엄마에게 소리치고 원망했던 사례 속의 딸도 마찬가지다. 엄마를 향한 원망을 토해내며 슬퍼한 그녀의 뇌는 사실 공정하지 않다. 나쁜 일을 일방적으로 편애한다.

자녀에게 아픔만 주는 엄마는 존재하지 않는다. 엄마는 분명히 좋은 일도 많이 했을 것이다. 맛있는 음식을 만들어주고, 예쁜 옷을 사 입히고, 아이가 아플 때마다 곁에서 밤을 새웠을 것이다. 용기를 주는 말도 수없이 했을 것이다. 그러나 딸에게 기억되는 것은 주로 나쁜 일들이다. 좋은 일은 삭제되어버린다. 그래서 딸은 불행한 삶을 산 것처럼 느끼고, 엄마는 자신이 나쁜 엄마였다고 자책하게 된다.

좋고 감사한 기억을 지우고 나쁜 기억에 집착하면 자신만 손해 보고 차별당했다고 생각하기 쉽다.

당신의 삶은 당신의 기억보다 훨씬 행복했다.

당신은 당신이 기억하는 것보다 훨씬 행복했고, 당신의 부모는 당신이 기억하는 것보다 훨씬 따뜻했다. 당신의 뇌가 과거를 꾸며낸다. 그 기억에 속지 말아야 진실을 볼 수 있다.

불행한 인생은 환상이다

연애에 관한 기억도 마찬가지다. 우리는 대체로 연인의 차가웠던 말을 더 또렷하게 기억한다. 연인이 생일을 잊었거나 마음을 몰라줬던 기억이 더 생생하다. 다정하고 따뜻하게 대해줬던 눈빛보다 차가웠던 눈빛을 더 오래 기억한다.

나쁜 일을 더 잘 기억하는 뇌 때문에 사람은 과거를 평가 절하하게 된다. 또 우리 사회는 과거의 경험에 대해 반성하고 뉘우치는 게 미덕이라 여긴다. 가령 한 남자가 1년쯤 연애하다 헤어졌을 때 남자는 두 가지 종류의 말을 할 수 있다.

   a———"후회되고 미안한 일이 너무 많아. 좋은 남자 친구가 돼주고 싶었는데 여러모로 부족했어."

   b———"부족한 면도 있었지만 잘해준 일도 꽤 많아. 나는 제법 괜찮은 남자 친구였어."

대부분 a처럼 말한다. 누군가 b처럼 말하면 속으로 뻔뻔하다 여긴다. a처럼 뉘우치고 머리를 조아려야 정상적이라는 취급을 받는다.

연인뿐 아니라 부모도 후회해야 좋은 부모, '부모다운 부모'로 인식된다.

   c———"부모로서 많은 걸 해주고 싶었는데 능력이 부족했구나. 미안해."

   d———"우리는 최선을 다했다. 좋은 부모로 평가받고 싶구나. 고마워하렴."

어떤가? d가 어색하게 들리지 않는가? 대부분의 부모들이 c같이 말한다. d처럼 말하면 이상한 부모가 된다. 그러나 d가 훨씬 건강한 말이다. 그리고 사실에 부합하는 회고일 가능성이 크다. 하지만 우리 사회는 d처럼 '당당한' 부모보다 c처럼 '침울한' 부모를 더 좋은 부모로 본다.

학교생활이나 회사 생활을 돌이켜봐도 마찬가지다. 우리 개개인은 잘한 일보다 잘못한 일을 더 집요하게 떠올린다. 그때 좀 더 잘했으면, 좀 더 능력을 발휘했으면 좋았을 거라 회고한다. 그러나 이 모든 기억은 왜곡된 결과다. 우리의 뇌는 슬프고 힘들고 후회스러운 일들에 대해 떠들기를 더 좋아한다. 한 마디로 엄살쟁이다.

여기서 긍정적인 결론을 이끌어낼 수 있다. 당신은 당신이 기억하는 것보다 잘한 일이 훨씬 많은 인생을 살았을 것이다. 당신의 인생은 당신이 기억하는 것보다 더 따뜻하고 행복했으며, 당신의 친구는 당신이 기억하는 것보다 당신을 더 좋아했을 것이다. 당신이 사귀었던 과거의 애인은 당신에게 상처 준 때보다 감동을 준 때가 더 많았을 것이다. 당신의 부모는 당신이 기억하는 슬픔이나 아픔보다 몇 갑절 더 큰 기쁨을 선물했을 것이다.

먼 과거의 기억만 부정적으로 왜곡되는 것이 아니다. 당장 그
날 하루만 복기해봐도 뇌가 나쁜 일을 얼마나 편애하는지 알
게 된다.

　"오늘 어땠어?"

　"아침에 컨디션은 그럭저럭 괜찮았어. 시험도 잘 봤고, 친구
　들 만나 즐거운 시간을 보냈지. 그런데 카페에서 누가 내 옷
　에 커피를 쏟았지 뭐야. 정말 재수 없는 날이야."

　뇌의 인지왜곡현상이 일으키는 생각이다. 뇌의 이런 작용을
두고 '긍정적인 일을 필터링한다'라고 표현한다. 우리 뇌는 긍
정적인 일을 걸러내 쓰레기통으로 던져버린다. 좋았던 일을 바
라보는 눈을 막는다. 아침에 컨디션이 좋았던 것, 시험을 잘 본
것, 친구들과 즐겁게 논 기억은 의미 없는 일로 치부된다. 대신
누군가가 실수로 제 옷을 버린 일은 크게 부각된다. 좋았던 일
이 99퍼센트고 나빴던 일이 1퍼센트라도, 뇌는 나빴던 일 1퍼
센트에 주목하고 나머지는 필터링한다.

　누가 가르쳐주지 않아도 사람들은 이런 사실을 직감적으로 느
낀다. 좋은 일은 잘 잊힌다는 사실을 말이다. 그래서 즐거운 순
간을 담은 사진을 앨범에 고이 보관했다가 보고 또 본다. SNS에

행복의 증거를 열심히 남긴다. 긍정적 일의 증거를 적극적으로 남겨놔야 기억할 수 있다는 사실을 본능적으로 알고 있는 것이다. 말하자면 SNS 활동은 불행한 뇌와의 싸움일 수 있다.

의식의 초점을 행복에 맞춰라

행복해지려면 긍정적인 일에 초점을 맞추는 노력이 필요하다. 뻔하고 낡은 훈계라 생각하는 사람이 있을 것이다. 청년들에게 "나쁜 점 말고 좋은 점만 봐라" 말하는 보수적인 기득권층이 존재하는 건 사실이다. 삶의 긍정적인 면을 보고 감사하라는 조언은 흔한 만큼 지겹다. 그런데 이런 상투적인 말이 완전히 빈소리는 아니다. 적어도 부분적인 진실이 담겨 있다.

'나'를 둘러싼 바깥세상이 갖고 있는 문제점과 부정적 측면을 날카롭게 인식하고 비판하는 것은 꼭 필요한 사고다. 사회적 측면에서 더욱 그렇다. 그러나 개개인의 삶의 영역에서는 조금 다르다. 우리 뇌는 행복했던 기억을 너무 쉽게 삭제하므로, 돌아보면 마치 우리 삶이 통째로 불행했던 것처럼 보일 확률이 높다. '불행한 삶을 산 나'는 '불행한 존재'가 된다. 당장 오늘 하루도 불행과 불운으로 가득한 것처럼 느껴진다.

불행을 좋아하는 뇌의 회로 때문에 삶은 점점 슬퍼진다. 뇌는 편파적이다. 의식적으로 행복에 집중해야 공평하다. 오늘 있었던 긍정적인 일을 찾아내고 거기에 의식의 초점을 맞추는 것은 우리의 행복을 지키기 위한 정당하고 당연한 노력이다.

과거를 돌이켜볼 때 자신이 말할 수 없이 부족한 사람처럼 느껴질 때가 많은 것도 뇌의 장난일 확률이 높다. 우리는 생각보다 불행하지 않았다. 우리 자신은 생각만큼 바보 같은 짓만 하지 않았다. 우리는 우리가 판단한 것보다 더 좋은 자녀였고, 더 근사한 연인이었고, 더 괜찮은 부모였다. 당당해져라. 옹호하고 변호하기를 주저하지 마라. 그래야 당신의 삶을 사랑하는 일이 가능해진다.

"어릴 적 내 인생은 정말 불행했어. 서럽게 울던 순간들만 기억나. 슬프고 무서운 일이 얼마나 많았는지 손에 꼽기도 힘들 정도야."

"그랬구나, 힘들었겠다. 그런데 어쩌면 네가 불행한 일을 더 많이 기억하는 건 아닐까?"

"아니야. 그리고 난 실수투성이였어."

"잘한 일도 많았을걸. 부모님이 자랑스러워할 만큼."

"그럴 리가. 내가 얼마나 자주 혼났는데."

"부모님은 너한테 사랑을 많이 베풀었을 거야. 네가 기억을 못할 뿐이지."

"아니야, 네가 잘 몰라서 그래. 내 인생은 불행으로 가득해."

"그래, 그럴지도 몰라. 하지만 너는 생각보다 훨씬 좋은 사람이야. 뇌가 하는 말에 속지 마. 네 기억이 너한테 거짓말하는 거야. 너는 행복할 자격이 충분한 사랑스러운 사람이야."

마음을 갉아먹는 잣대로부터 나를 보호하는 법

아빠가 나를 야단친다. 거짓말한 게 들통 났기 때문이다. 아빠는 거짓말이 아주 나쁜 짓이라면서 극도로 화를 낸다. 또 내가 큰 잘못을 했으니 벌을 받아야 한다고 위협한다. 손에 매까지 들었다. 나는 눈물을 흘리며 몸을 떨고 있다. 어쩌면 내가 이 세상에서 사라질지도 모른다. 나는 끝이다. 무섭다.

평판이 좋고 겉보기에 당당한 사람들도 들여다보면 자신을 미워하는 마음이 있다. 우리는 왜 우리 자신을 인정하지 않고 미워할까? 실직, 고립감, 가난, 죄의식, 트라우마 등이 원인이다. 한국 상황에서는 특히 세 가지 원인이 더욱 강력하게 작용한다. 야단맞은 경험, 높지 않은 학업 성적, 외모 때문에 비방당한 경험이다. 뒤집어보면 이 세 가지 문제를 극복한 후에는 우리가 우리 자신을 사랑할 길이 열릴 수도 있다는 뜻이 된다.

위 사례는 어린아이가 부모에게 야단맞으며 느끼는 감정을 표현한 글이다. 이 순간 아이의 마음엔 어떤 공포영화보다 무서운 일이 벌어진다. 극단의 공포다. 세상에서 자기 존재가 사라질 것만 같다. 빠져나갈 길이 안 보인다. 화를 내고 소리 지르는 부모는 자신들의 '위협'이 정당하다고 주장한다. 아이는 그 목소리에 완전히 갇혀버린다. 적당한 훈육은 필수지만 선을 넘은 징벌은 부작용을 낳는다.

심하게 야단맞은 아이는 자신을 저버린다

미국 심리학자 로버트 파이어스톤Robert Firestone이 《당신 내면의 비판적 목소리를 정복하라》에서 설명한 바에 따르면, 아이가 부모에게 과도하게 혼나면 자신을 저버리고 싶은 심리에 사로잡힌다. 극도의 고통과 공포에서 탈출할 유일한 방법이기 때문이다.

아이는 자신에게서 빠져나가 부모의 관점에서 자신을 미워한다. 부모가 하는 말을 그대로 자신에게 던진다.

'나는 나쁜 짓을 했고 벌 받아 마땅한 사람이야.'

결국 어린아이들은 야단을 맞으면서 자신을 미워하는 연습을 하게 되는 셈이다.

그릇된 훈육으로 인해 자기혐오를 반복하는 습관이 형성된 사람이 많다. 이렇듯 매 순간 자기를 야단치고 미워하는 습관은 나이 들어서도 고치기 힘들다.

그렇다고 포기해야 할 일은 아니다. 방법이 있다. '나는 나를 습관적으로 야단친다'라고 자각을 하느냐, 안 하느냐는 큰 차이가 있다. 이것을 분명히 인식하고 틈나는 대로 자신에게 이렇게 말한다.

'가여운 나를 자꾸 야단치지 말자.'
'큰 잘못 아니야. 나 자신을 봐줘.'

이 두 문장을 읽는 것만으로도 마음이 편안해진다는 사람이 있다. 그만큼 자신에게 가혹하게 굴어왔다는 뜻이다.

한국 사람이 자신을 미워하는 또 다른 원인은 학업 성적이다. 공부를 잘 못한 사람은 자기 자신에게 떳떳지 못한 감정을 갖게 된다. 그런데 공부를 잘하는 사람은 극소수고 평범한 수준에 그치거나 전혀 못하는 사람이 절대 다수다. 절대 다수의 학생이 성적 때문에 자신을 미워하게 되는 것이다. 슬픈 현실이다.

50대 중반 노숙자가 무서운 좀비와 맞닥뜨린다. 살기 위해 열차에 올라타고 화장실에 몸을 숨기는데 승무원이 화장실 문을 두드린다. 문을 여니 승무원과 승객들이 보인다.
한 승객이 옆에 있는 여자아이에게 말했다. "야, 꼬마야. 너 공부 열심히 안 하면 나중에 저렇게 된다."

영화 〈부산행〉의 한 장면이다. "공부 안 하면 저렇게 된다"라고 말한 사람은 살기 위해 다른 사람을 희생시키는 비겁한 냉혈한 캐릭터다. 인간에 대한 존중이 결여된 인물임을 단편적으로 보여주는 이 대사는 사실상 우리가 과거 학생이던 시절 아주 일상적으로 들었던 말이기도 하다. 그런데 살아보면 이 말은 '진실'과도 거리가 멀다. 학창 시절 성적보다 성공과 실패를 가르는 다른 요인이 너무도 많다는 현실을 우리는 살면서 알게 된다.

공부 못하면 인생을 망친다는 협박

어린 시절 자존감에 가장 큰 상처를 남긴 요인이 바로 성적이다. 중학교에 들어가면 99퍼센트의 아이는 깨닫는다. '나는 1등을 할 수 없다'는 사실을 말이다. 고등학교에 들어가면 더욱 분명해진다. 노력한다고 누구나 1등이 될 수 없다. 1등은 한 명뿐이기 때문이다. 100명이 노력한다고 100명 모두 전교 1등이 되지는 않는다. 상위권을 제외한 다수는 '나는 공부 못하는 학생'이라는 사실을 뼈아프게 받아들일 수밖에 없다. 아이들의 자존감은 그렇게 훼손된다. 자신이 사랑받을 가치가 없는 존재라고 느끼고, 나아가 자신을 미워하는 습관을 갖게 된다.

그런데 나이를 먹어보면 공부 못한다고 인생을 실패하는 것은 아니다. 인생의 길은 무한대로 다양하기 때문이다. 성공과 실패로만 나뉘는 것도 아니다. 그 사이에 다양한 유형이 존재한다. 돈을 많이 벌고 웃음도 가득한 인생, 돈은 많이 벌지만 불행한 인생, 돈은 많이 벌지만 심심한 인생, 수입은 적지만 행복한 인생, 수입은 적지만 감동이 있는 인생, 수입은 적고 불행감은 큰 인생 등등 세상에는 수많은 인생이 존재한다. 공부를 잘하는 A가, 공부를 못하는 B가 먼 훗날 어떤 인생을 살게 될지 아무도 모른다.

불공정한 학력 중심 사회인 만큼 학교 성적이 인생 행로에 전혀 영향을 안 주는 건 아니다. 하지만 상위권에 들지 않는다고 해서 인생 행로가 막히는 건 아니다. 수능 만점을 받는 것보다 더 큰 자산은, 현재의 자신을 위로하고 사랑하는 습관이다.

자신과 모델의 몸을 비교하는 이상한 환상

샤워 후 거울에 비친 내 모습을 본다. 팔은 굵고 다리는 짧다. 배는 나오고 근육은 빈약해서 볼품이 없다. 얼굴은 또 어떻고. 코는 낮고 눈은 작고 여기저기 잡티투성이인 피부에서 광채가 날 리도 없다. 부끄럽고 한숨이 나온다. 거울을 없애든지 하고 싶다.

샤워를 마친 이 사람은 왜 이리도 자기 외모가 부끄러울까? 아름답지 않다고 평가하기 때문이다. 그런데 아름다움의 기준은 뭘까? 특정 체형이나 얼굴이 정상이고 나머지는 추한 비정상이라고 법률에라도 지정된 걸까? 그 기준은 어디에서 왔을까? 잡지나 영화, TV 매체다. 샤워를 마친 이 사람은 미디어에서 본 TV 속 멋진 모델, 배우의 외모와 자신을 비교해서 끊임없이 부끄러운 마음을 만들어낸다.

샤워를 하고 거울에 서면 두 개의 이미지가 겹친다. 먼저 우리 자신의 몸이 거울에 맺혀 있다. 동시에 머릿속엔 연예인들의 몸이 떠오른다. 그리고 자신도 모르게 두 몸을 비교한다.

이런 태도는 가벼운 정신 질환 현상이라 할 수 있다. 평범한 자신을 톱스타의 몸과 비교하는 것 자체가 황당한 행동이다. 이런 경향은 미디어가 발달한 나라에서 흔히 나타난다. 잡지와 TV, 인터넷에서 본 연예인들을 정상으로 여기고 평범한 자신을 비정상적으로 여기는 습관이다. 다시 말해 자기 몸을 부끄러워하도록 세뇌당하고 있다.

자기 자신의 모습만 비하하는 것도 아니다. 타인을 볼 때도 은근히 혹은 노골적으로 외모를 평가하고 등급을 매긴다. '넌 그다지 사랑받을 만한 구석이 없어'라는 메시지를 던진다.

이미 심각한 외모 콤플렉스에 빠져 있다면, 당신의 외모와 연예인의 외모를 비교 분석하기 전에 다른 연습을 해보길 권한다. 거울을 보라. 당신의 매력을 찾아라. 매력이 없다고? 그럴 리 없다. 모든 사람의 얼굴에는 아름다운 구석이 있다. 하나라도 찾아내서 당신 자신에게 말해줘라. 내일, 모레, 일주일, 계속해서 연습하다 보면 당신의 사랑스러운 면모를 더 다양하게 발견할 것이다.

> '나는 그냥 뚱뚱한 게 아니다. 바로크 시대의 여인처럼 풍만하다.'
> '내 코는 낮은 게 아니다. 뾰족하지 않고 둥글둥글해서 나름 귀엽다.'
> '내가 미인은 아닐지 모르지만 눈코입이 조화롭다.'
> '내 외모가 어떻든 나는 사랑스럽다.'

세상의 기준과 평가는 생각보다 중요하지 않다. 사실 우리 자신만 그렇게 생각하지 않으면 어떤 것도 우리 가치를 폄하할 수 없다. 키우는 강아지가 귀엽다고 믿는 데 남의 동의가 필요하지 않듯, 당신이 사랑스럽다는 믿음을 갖고 있으면 타인의 놀림을 받더라도 가볍게 웃어넘길 수 있다.

해외 심리 치료사들은 이런 훈련을 하루 두 번 그리고 몇 주 동안 지속하면 심리적 상태가 훨씬 좋아지고 행복을 느끼는 감

각도 회복된다고 말한다.

　자기 최면은 정말로 우리 자신을 사랑하게 만들까? 직접 해보지 않으면 알 수 없다. 다만 그 노력의 방향만큼은 너무도 옳다고 강조하고 싶다.

"키가 작다고 오늘 놀림받았어."

"누가 그래? 그런 말 하는 인간이 저능한 거야. 신경 쓰지 마."

"전엔 글쎄 내가 지잡대 다닌다고 놀리잖아."

"정말 상대할 가치도 없는 사람이네."

"그런데 사실 틀린 말도 아니야. 일류대 아니면 취직도 어렵고. 제대로 돈 벌기도 힘들 거야."

"안 그런 업계도 많아. 그리고 설사 학벌이 취업을 결정한다 해도 거기서 끝은 아니고."

"솔직히 요즘 너무 불안해. 평생 가난하고 불행하게 살게 될까 봐."

"그런 생각 하지 마. 그리고 가난하면 또 어때. 큰집에 산다고 다 행복한가. 인생은 모르는 거야. 넌 행복한 부자가 될 수 있어. 삶은 불확실하고 미래는 열려 있어. 우선 지금의 너를 행복하게 만들어. 미래는 알 수 없으니 지금 이 순간 일단 행복하고 보는 거야."

03

좌절에 익숙한
나를 응원하는 말

세상은 나한테 그렇게 관심이 없다

나는 왕이다. 백성들이 지켜보는 가운데 옷을 벗고 걷고 있다. 한 아이가 깔깔 웃으며 외친다. "임금님이 다 벗고 다닌다!" 이게 무슨 망신이람. 차라리 심장이 멎었으면 싶다. 어쩌다 이런 처지가 됐을까. 신비한 그 옷은 현명한 사람에게만 보이고 나머지에게는 투명하게 보인다고 한다. 그런데 내 눈엔 옷이 보이지 않는다.

'나는 바보일까? 왕이 될 자격이 없을까?'

혼란스러웠다. 그래서 결심했다. 옷이 보이는 척 연기하기로.

극도로 창피한 순간에는 이상한 신비 체험을 하게 된다. 갑자기 시간이 멈추고 음소거 상태가 되면서 모든 사람이 자신을 바라보는 것 같다.《벌거벗은 임금님》속 왕의 심정이 이랬을 것이다. 그는 자신이 멍청하고 부족한 왕으로 알려지는 게 두려워 나체로 거리를 활보하는 바보짓을 택한다. 두 가지 착각이 그를 현혹했다.

첫 번째로 왕은 약점을 들킨 결과를 지나치게 나쁘게 상상하는 과오를 저질렀다. 자신의 약점이 알려지면 치명적인 손해를 입으리라고 확신한 것이다. 옷이 안 보인다고 솔직히 말했다면 어땠을까? 신하들이 속으로 비웃었을 수 있다. 소문이 퍼져 백성들도 왕이 바보라고 웃고 떠들 수 있다. 그러나 그 정도에서 그쳤을 것이다. 백성과 신하들도 자기 목숨이 중요하니 다만 속으로 조롱하는 데 만족할 뿐 면전에서는 감히 속을 드러내지 못했을 것이다. 옷이 눈에 보이지 않는다고 고백했어도 왕은 왕좌를 잃는 게 아니라 기껏해야 위신이 좀 깎이는 정도로 작은 손실을 입었다고 봐야 합리적이다.

공포는 거짓말을 부른다

대낮 도심을 나체로 활보하는 왕의 바보 같은 행동 뒤에는 엄청난 공포감이 숨어 있었다. 너무 두려운 마음에 이성을 잃은 행동을 감행하게 된 것이다.

사람들의 마음속엔 벌거벗은 임금님이 산다. 평범한 사람들도 모두 약점이 노출되는 것에 대한 공포감을 느끼며 산다. 심각한 경우 자신의 약점을 들키면 큰일이 난다고 믿어 비이성적인 행동을 일삼기도 한다. 그중 하나가 거짓말이다. 자신의 무지나 무능함을 숨기기 위해 거짓 변명으로 둘러댄다. 마음이 약하고 자주 두려움에 휩싸인다는 사실을 극구 부정한다. 심한 경우 허언이 습관이 된다. 없는 이야기를 꾸며내거나 있는 일도 최대한 부풀려 말하면서 약점이 없는 매력적인 사람으로 둔갑하려 한다.

과도한 소비도 자신의 약점을 감추기 위한 왜곡된 행위 중 하나다. 누구나 마음속에 경제적 불안이 있다. 의식주 문제를 해결할 수 있을지 자주 걱정한다. 이런 불안을 들킬까 두려워 비싼 차와 옷과 장신구로 치장을 한다. 값비싼 음식을 먹고 그 사진을 SNS에 올린다. 그러면 아무도 자신의 궁핍과 경제적 고민을 알아차리지 못할 테니까.

벌거벗은 왕이 최악의 결과를 상상하지 않았다면, 옷이 보이지 않는 약점을 모두가 알아도 상관없다 여겼다면 발가벗고 길거리를 돌아다니는 비이성적인 행동도 하지 않았을 것이다. 공포를 줄이면 무리한 행동을 하는 일도 줄어든다.

들켜도 괜찮다, 아무도 신경 안 쓴다

단점이나 부족함을 드러내는 데 거리낌이 없으면 거짓말과 과소비 따위로 자기를 치장하는 피곤한 짓을 할 이유가 전혀 없어진다. 벌거벗은 왕에게 그렇듯 우리 모두에게는 '들켜도 좋다는 정신'이 필요하다. 우리의 약점이 주변 사람에게 공개되

자마자 큰일이 일어날 거라는 망상에서 벗어나 '까짓것 들키면 어때?'라고 스스로에게 말해주는 것이다. 그러면 긴장감이 사라지고 마음이 편해진다. 마음이 해방되는 것이다. 들켜도 괜찮다는 대범한 마음이 주는 선물이다.

약점이 노출된 결과를 확대해서 생각한 게 왕의 첫 번째 실수였다면 두 번째 잘못은 '모두가 자신을 주목하고 있다'고 확신한 점이다. 그는 세상 사람들이 자신을 뚫어져라 처다보고 있다고 착각했다. 세상 사람 모두가 자신의 어리석음을 알아차릴까 봐 두려워했다. 그러나 사실 사람들은 별 관심이 없었을 것이다. 사람들은 모두 자기 문제로 바쁘다. 이웃에게 크고 지속적인 관심을 가질 겨를이 없다. 상대가 왕이라 해도 마찬가지다. 그러나 당사자인 왕은 자신의 단점이 '매 순간 관찰된다'고 믿었다.

심리학자 멜로디 와일딩Melody Wilding은 말했다.

> 우리는 자신의 단점을 극단적으로 과장하는 경향이 있다. 다른 사람들이 우리의 잘못과 크고 작은 실수를 현미경으로 집중 관찰한다고 가정하면서 말이다.

사람은 자신의 잘못을 잘 안다. 창피함도 불안도 모두 자기 감정이니 자신이 가장 먼저, 정확하게 감지한다. 다른 사람은 그 바깥에 있다. 우리 자신의 잘못이나 불안한 감정을 짐작만 할 뿐 직접적으로 느끼지 못한다. 그럼에도 우리는 타인이 자기처럼 세세하게 우리 문제를 알 거라고 착각한다. 타인이 우리 잘못에 현미경을 갖다 대고 볼 수 있다 생각한다. 부끄러운 행동을 과도하게 부풀려서 기억한다.

벌거벗은 왕처럼 자신의 약점이나 단점을 극단적으로 과장해서 심각하게 여기면, 다른 사람의 반응에도 예민할 수밖에 없다. 그렇기 때문에 약점을 들키면 세상이 무너질 것처럼 군다. 필사적으로 부정한다. 신경을 곤두세우고 부정하고 화를 낸다.

사실 세상 사람은 우리에게 별 관심이 없다. 설사 당신의 단점을 들키더라도 사람들은 그것에 오래 주목하지도 않을 거고 곧 잊어버릴 것이다. 이런 믿음은 우리에게 해방감이라는 큰 선물을 준다. 단점이 있다는 사실에 좀 더 관대해져도 된다. 숨기려 아등바등할 필요가 없다.

사람은 다른 사람에게 별 관심이 없다는 사실을 전제로 두면, 우리 자신이 부족하고 약하다는 걸 들킬 확률도 낮다는 결론이 나온다. 경제적인 능력이 출중하든 아니든 그들은 잘 모르고 알고 싶어 하지도 않는다. 각자의 상황을 굳이 숨기거나 허영으로 위장할 필요가 없다. 우리의 약점은 좀처럼 들키지 않으니 안심해라. 편안하게 생각해라.

섬세하고 똑똑한 사람들이 겁이 많다

약점이나 단점을 들키기를 두려워한다고 해서 열등하거나 나약한 존재인 것은 아니다. 섬세하고 지성적인 사람일수록 약점을 은폐하는 데 더 적극적이라는 이야기가 있다.

한 유명 작가가 TV 프로그램에서 이런 말을 했다.

"이렇게 말을 많이 하고 집에 가면 무척 괴로워요."

예민하고 지적 수준이 높은 사람들이 주로 이런 생각을 한다. 다른 사람 앞에서 했던 말들을 곱씹고, 잘못된 것을 찾아내면 크게 당황하고 후회한다. 바보 같은 말을 했다고 며칠을 자책한다.

이런 착각 역시 벌거벗은 왕의 착각과 비슷한 구석이 있다.

당신은 누군가와 3일 전에 나눈 대화를 속속들이 기억하는가? 그 사람이 당신에게 무슨 말을 했는지 한 치의 오류도 없이 복기할 수 있는가?

TV를 본 시청자들은 그 작가가 했던 말에 크게 신경 쓰지 않았을 것이다. 무슨 말을 했는지 잠시 머릿속에 담았다가 이내 흘려버렸을 것이다. 인상적인 말을 들었다 해도 대개는 한 번쯤 회상하고 잊어버린다. 이 작가는 세상 사람들이 자신처럼 섬세하고 정확하게 말의 오류를 잡아내고 그걸 평가하고 기억하리라 생각하지만, 각자의 일로 바쁜 세상 사람들은 그럴 여력이 없다.

그러므로 설사 채신없고 비논리적인 주장을 했다 해도 세상이 간파하거나 오래도록 기억할 확률은 낮다. 들킨다고 해도 큰 문제가 될 게 없다. 섬세한 감각과 높은 지적 능력을 가진 사람일수록, 이런 문제에 조금 둔감해질 필요가 있다.

　다른 사람이 우리 자신에게 별 관심이 없다는 사실이 머리로는 이해가 되어도 마음으로 받아들이기는 쉽지 않다. 주변 사람이 우리를 뚫어지게 바라볼 것 같은 느낌을 지우기가 어렵다. 이런 심리는 유아기의 기억이 무의식에 새겨진 영향도 있다. 어린 시절 사람은 온 가족의 관심 속에서 자란다. 엄마와 아빠는 아이의 작은 움직임, 말 한마디에 일일이 집중하고 표정 변화에도 민감하게 반응한다.

　그러나 성인이 된 후 집 밖의 세상에서 만나는 사람들은 다르다. 모두가 자기 일을 처리하느라 여념이 없어 타인에게 별 관심이 없다. 누군가 우리 자신의 단점을 일일이 찾아내 평가하리라는 생각은 과대망상에 가깝다. 자유롭고 편한 사고에 익숙해져라. 당신은 결점을 들키지 않을 것이며, 들켜도 당신에게 크게 해가 될 것이 없다. 뭔가를 들킬까 봐 위축될 필요가 전혀 없다. 자연스럽고 여유 있게 행동하면, 사람들의 기억엔 당신의 결점보다 그 당당한 태도가 더 깊이 각인될 것이다.

나는
완벽주의일까?

01 다른 사람의 업무 처리 능력에 실망할 때가 많다.

02 내가 한 일의 결과물을 두고 자책할 때가 많다.

03 기준이 높다는 말을 자주 듣지만 스스로는 그렇게 생각하지 않는다.

04 다른 사람들의 기준이 형편없이 낮다고 생각한다.

05 일을 실패할까 봐, 그래서 다른 사람이 얕잡아볼까 봐 걱정된다.

06 성장을 위한 어떤 노력을 하고 있지 않으면 불안하다.

07 내가 한 일이 평균은 된다는 평가는 모욕적이다.

08 완벽하게 못할 것 같은 일은 아예 시작하지 않는게 낫다.

09 주변 사람에게 일에 대한 평가를 자주 구한다.

10 혼자 있을 때 '더 잘했어야 하는데'라고 후회할 때가 많다.

11 중요한 일을 시작할 때 완벽하게 해내지 못할까 봐 걱정이 앞선다.

12 씻지 않고는 집 밖에 절대 나갈 수 없다.

13 감정 통제에 많은 힘을 기울인다. 완벽히 이성적인 사람이 되고 싶다.

14 집이나 사무실은 항상 깨끗하고 정돈이 잘되어 있다.

15 나보다 머리가 좋고 성공한 사람을 보면 열등감을 느낀다.

＊5개 이상의 문항에 동의했다면 완벽주의 성향이 강한 편이다. 각 문항
들을 뒤집어보면 완벽주의 굴레에서 벗어나 편안해지는 길이 보인다.

세상이 자신을 뚫어져라 관찰한다고 믿는 사람은 아주 작은 허점도 내보이지 않으려고 기를 쓴다. 매 순간 자기 모습을 완벽하게 유지하려고 노력한다. 이런 비극적인 캐릭터를 오늘날에는 '완벽주의자'라고 부른다. 이런 기질은 누구나 갖고 있다. 미국의 몇몇 심리학자가 제시하는 테스트 문항 중 우리 문화에 적합한 것들만 꼽아 정리했다.

---

(01) 다른 사람이 해놓은 일에서 장점을 먼저 찾는다.

(02) 내가 한 일의 성과를 평가 절하하지 않는다.

(03) 너무 높은 기준이 나와 남을 힘들게 만드는 건 아닌지 돌아본다.

(04) 사람들이 정한 기준에는 저마다 이유가 있다. 그 이유를 존중한다.

(05) 아무도 나를 우습게 보지 않는다. 나는 존중받을 만한 사람이다.

(06) 휴식은 앞으로 나아갈 힘을 축적하기 위한 필수 요소다.

(07) 누구도 모든 일에 완벽할 수 없다.

(08) 우선순위에서 밀려난 일은 대충 해도 된다.

(09) 모든 일에 타인의 동의를 구할 필요는 없다. 내 판단이 중요하다.

(10) 이미 돌이킬 수 없는 일은 잊는다. 자책해봐야 도움 될 것 없다.

(11) 중요한 일이라면 더 열심히 하되 완전무결하게 처리해야 한다는 욕심은 버린다.

(12) 아무도 나를 유심히 보지 않는다. 완벽하게 꾸밀 필요가 없다.

(13) 감정을 억누르는 것은 자기 학대다.

(14) 집이나 사무실이 좀 어지러워도 내 마음이 편하면 그만이다.

(15) 비교하지 않는다. 제아무리 매력적이고 성공한 사람이라도 남모를 슬픔과 고통을 갖고 있다.

부끄러운 기억에 갇히지 않는 연습

기차 안이다. 맞은편에 20대 중반의 아들과 그의 아버지가 앉아 있다. 아들은 창문에서 눈을 떼지 못한다.

환한 표정으로 아들이 외친다. "아빠, 나무가 뒤로 달려요!"

아빠가 답한다. "정말 그렇구나. 신기하네."

옆에 있던 남자가 몹시 의아한 얼굴로 두 사람을 쳐다본다. 청년이 하는 말이 마치 다섯 살 아이 같기 때문이다.

잠시 후 아들이 다시 외친다. "구름이 우리를 계속 쫓아와요, 아빠!"

이번에도 아빠는 행복한 표정으로 맞장구를 친다.

남자는 진심으로 걱정이 돼서 아빠에게 말을 건다. "아드님을 병원에 데려가 진단받아야 하지 않을까요?"

청년의 아빠가 답한다. "그렇잖아도 저희는 병원에서 퇴원해 나오는 중입니다. 아들이 날 때부터 앞을 못 봤는데, 이제야 볼 수 있게 됐거든요."

영어권에서 유명한 이야기를 각색한 것이다. 한순간의 오해로 난처한 상황을 자초한 이 남자처럼, 선의로 건넨 조언이 본심과 다르게 상대방 마음을 다치게 할 때가 있다. 이 일화 속에서 남자의 선의는 부자의 행복에 찬물을 끼얹은 격이 됐다. 함부로 판단하고 실언을 내뱉었다는 사실에 남자는 아마 견디기 힘들었을 것이다.

우리는 이와 비슷한 실수를 많이 저지른다. 상황을 모르고 내뱉은 말, 상황에 맞지 않은 엉뚱한 말, 의도하지 않았는데 남을 아프게 하는 말을 무심코 건네고 뒤늦게 미안해하거나 창피해할 때가 많다.

"정치인 A를 좋아하는 상사 앞에서 A를 한참 욕했어요."
"친구랑 밥 먹다가 밑반찬이 너무 맛없다고 했는데 친구 엄마가 만든 거랬어요."
"오랫동안 짝사랑한 여자에게 힘들게 고백했는데 이미 제 친구랑 사귀고 있었어요."

말실수에 관한 부끄러운 기억들은 그 생명력이 경이로울 정도로 길다. 쉬지 않고 꿈틀거리고 언제든 솟아오른다. 십수 년이 지나도 죽지 않는다.

물을 마시다 흘려서 바지가 조금 젖었다. 그 순간 20년 전 기억이 폭죽처럼 머릿속에서 터졌다. 교실 내 자리에서 오줌을 싸고 울던 나는 창피했고 절망적이었다. 그 기억이 떠오르자 삽시간에 얼굴이 붉어졌다. 마치 방금 똑같은 실수라도 저지른 것처럼 경직되었다.

나를 순식간에 얼음으로 만드는 기억은 이 외에도 많다. 애인의 차가운 반응, 반 전체의 웃음거리가 됐던 경험, 엄마에게 호되게 야단맞을 때의 상황들이 시시때때로 떠오른다. 그 기억들이 살아나면 모두 현재의 일처럼 선명하다. 까마득한 옛날 일인데 내 마음속에서는 여전히 생생하게 살아 있다.

수학 공식이나 영어 단어는 아무리 외우려고 해도 입력이 잘 안 된다. 휴대폰을 어디에 뒀는지 찾을 때는 엄청나게 집중해서 생각해야 겨우 떠오른다. 반면 원치 않아도 뇌에 저장되고 별 노력 없이도 팝업창처럼 떠오르는 기억들이 있다. 어릴 적 실수로 벌어진 사건들이 그렇다. 난처한 기분이 자동으로 되살아난다. 전문가들은 이런 기억을 '비자발적 기억involuntary memory'이라 부른다. 노력하지 않아도, 원하지 않아도 멋대로 자동 재생되는 기억들이다.

"학창 시절 발표를 잘못해서 친구들 앞에서 웃음거리가 된 적이 있어요. 회사에서 프레젠테이션을 할 때마다 그 기억이 되살아나 나를 주눅 들게 해요."

"남자가 나에게 친절하게 굴면 다정했던 옛 애인이 나를 배신한 기억이 떠올라서 힘들어요. 그럴 때마다 사랑도 연애도 포기해야 하나 싶어요."

누구에게나 부끄러운 기억이 있다

먼저 이런 나쁜 기억들이 자꾸 떠오른다고 해도 이상한 게 아니고 정상적이라는 사실을 인지할 필요가 있다. 영국 심리학자 리아 크바빌라슈빌리Lia Kvavilashvili는 기억에 관한 흥미로운 연구를 했다. 그가 직접 세어본 바, 원치 않는 기억이 자동적으로 회상된 것이 9개월 동안 400회 가량이었다. 한 달에 마흔네 번, 하루 한 번 이상이다.

또 그런 기억이 자동으로 재생되는 때의 90퍼센트는 혼자 있는 순간이었다고 한다. 더 세부적으로 분석하니 양치질이나 다림질, 설거지 등 익숙한 일을 할 때, 다시 말해 정신이 이완된 상태일 때가 80퍼센트였다.

아주 오래전 일을 떠올렸는데 얼굴이 화끈거리거나 몸서리쳐질 정도로 생생하다 해도 정상적인 반응이다. 많은 사람이

그런 기억에 시달리며 산다. 다만 그 정도가 너무 심각하거나 지속적이면 문제가 된다. 빈번하게 떠오르는 나쁜 기억에 하루 종일 시달린다거나 사회생활에 심각한 장애가 될 정도면 전문가의 도움을 구해야 한다.

뇌는 왜 이처럼 괴롭고 창피하고 잊고 싶은 기억을 무한 반복 재생하는 걸까? 궁극적으로는 우리 자신을 보호하기 위해서다. 창피하고 바보 같은 실수를 반복하지 말라는 경고다. 지위가 높은 사람 앞에서 말실수로 곤란한 상황에 처하거나 연인에게 배신당해 상처받는 일을 다시는 겪지 말라 조심하라는 의미로 과거의 아픈 기억을 끊임없이 떠올린다. 뇌가 우리 마음을 괴롭히는 이면에는 그런 선의가 깔려 있다.

이제 가장 중요한 해결책이 남았다. 어떻게 하면 이런 낯 뜨거운 기억에서 조금이라도 더 자유로워질 수 있을까? 전문가들의 조언을 바탕으로 나쁜 기억에서 벗어나도록 돕는 세 가지 방법을 요약했다.

1____ 인간의 불완전함을 인정하는 연습

불완전한 인간에게 실수는 지극히 자연스러운 일이다. 누구나 실수한다. 최고의 자리에 올라 만인의 존경을 받는 사람도 마찬가지다. 종교 지도자도, 대기업 소유주도 크고 작은 실수를 한다. 천재들이 보좌를 해도 잘못된 선택을 하고 후회하는 일이 비일비재하다.

더욱이 어린 시절의 작은 실수는 전혀 문제 될 게 없다. 초등학교 1학년이 바지에 오줌을 싼 일이 평생을 괴롭히는 사건이 될 수 없다. 그저 선생님에게 화장실을 가겠다고 말할 용기가 없어서 실수했던 것뿐이다. 학창 시절 시험 시간에 부정행위가 발각된 일 역시 자랑스러운 일은 아니지만 평생 용서받지 못할 일도 아니다.

성인이 저지르는 실수 가운데도 맥락을 따져보면 용서할 수 있는 게 많다. 앞에서 소개한 열차 사례를 생각해보자. 남자는 걱정스럽고 안쓰럽다는 생각에 조심스럽게 보호자에게 말을 건넸다. 오지랖 넓은 참견이었지만 그 의도는 선했다. 또 얼마든지 오해할 만한 상황이었다. 그렇게 맥락을 분석하면 자신을 용서할 근거를 찾을 수 있다.

2_____ 생각과 과거에서 탈출하는 연습

나쁜 기억과 맞붙어서는 절대 이길 수 없다. 자신의 실수나 잘못에 대한 평가는 분명 필요하지만, 생각을 오래 하면 할수록 마음이 피폐해지고 고통은 점점 커진다. 스트레스와 우울이 깊어져 한숨 쉬며 후회하는 시간이 많아진다. 이런 생각은 싹을 잘라버려야 한다. 부정적인 생각이 지속될 때 그것을 의식적으로 끊어내는 연습이 필요하다. 머리 대신 몸을 움직이는 것이 크게 도움 된다. 가령 산책을 나가거나 운동을 하는 것이다. 좋아하는 취미에 몰두하거나 친구를 만나 수다를 떠는 것도 좋은 방법이다. 예능 프로나 영화를 보면서 깔깔거리는 것도 좋다. 나쁜 기억의 늪에서 빠져나와 즐거운 활동으로 생각을 덮어버리는 것이다.

과거에서 탈출하려면 어떡해야 할까? 과거의 일에 대해 골똘히 생각하면 시야가 흐려진다. 눈앞에 있는 사물이나 사람이 안 보인다. 주변의 소리에도 둔감해진다. 현재에서 빠져나와 과거로 빨려 들어간 상황이다. 다시 현재로 복귀해야 한다. 현재에 집중하면 과거의 기억에서 탈출할 수 있다. '지금 내가 있는 이 자리'에 주의를 집중하는 순간, 과거의 고통과 스트레스, 후회로부터 멀어진다. 신비로운 일이다. 현재에 집중하는 방법은 단순하다.

- 감각에 집중한다. 손끝에 만져지는 잔의 느낌, 부드럽게 흐르는 음악, 눈앞에 보이는 풍경 등에 감각의 포커스를 맞춘다.
- 호흡에 집중한다. 천천히 그리고 깊게 숨을 들이쉬고 다시 천천히 내뱉는다. 세 번만 해도 신경과 마음을 이완하는 데 큰 도움이 된다.
- 감사한 마음에 집중한다. 지금 갖고 있는 것 혹은 누리고 있는 것을 하나하나 떠올리고 감사한 마음을 갖는다. 현재의

상황이 그럭저럭 괜찮으며 과거의 아픈 기억이 현재를 망칠 수 없다는 사실만은 분명함을 자각한다.

3___ 생각의 초점을 바꾸는 연습

과거의 창피한 기억에서 벗어나는 세 번째 방법은 '초점 바꾸기 기술'인데, 미국 일리노이대학교 심리학 교수 플로린 돌코스Florin Dolcos가 2014년 발표해 주목받은 바 있다. 돌코스 교수의 제안은 이렇게 요약할 수 있다.

"나쁜 기억이 떠오르면, 사소한 주변 상황에 몰두하세요."

열차에서 만난 부자에게 말실수를 했던 기억이 자꾸 떠오른다고 하자. 억누르거나 회피하려 한다고 나쁜 기억이 사라지지는 않는다. 고통이 더 커질 뿐이다. 좀 더 적극적으로 대면해서 나쁜 기억의 고통을 줄이는 방법이 있다. 사소한 상황에 정신을 집중하는 것이다. 당시 창밖의 풍경을 떠올려본다면 어떨까. 넓은 들판이나 파란 하늘에 집중해도 좋다. 말실수 때문에 느낀 당혹감에서 잠시 벗어나 주변의 사소한 것에 몰두하면, 아픈 기억의 고통이 사라진다.

정치인 A를 좋아하는 상사 앞에서 A를 맹비난했던 기억이 떠올라 괴롭다면 역시 사소한 상황에 주목하면 된다. 뭘 먹었는지, 그리고 맛은 어땠는지 떠올리는 식이다. 바보 같은 말을 해서 사람들을 폭소하게 만든 기억이 떠올라도 당시의 감정 대신 사소한 상황에 생각의 초점을 맞추는 것이 좋다. 옆에 어떤 친구가 있었는지, 자신이 무슨 옷을 입고 있었는지 등을 떠올려보는 것이다.

이렇게 생각의 초점을 감정에서 주변 상황으로 옮기면, 아주 손쉽게 아픈 기억의 고통에서 벗어날 수 있다고 돌코스 교수는 강조했다.

누구나 떠올리면 괴롭고 아픈 기억이 있다. 특별히 섬세한 사람들은 이런 기억 때문에 많은 순간 한숨을 짓는다. 의식적으로 기억을 다스리는 훈련을 거듭한다면 스스로를 괴롭히는 마음에서 놓여나는 길이 보일 것이다.

섣부른 오해로 상처받지 않는 법

평소 알고 지내던 여직원과 복도에서 마주쳤다. 반갑게 인사했는데 아무 반응 없이 빠르게 내 곁을 지나쳐갔다. 굴욕감이 밀려왔다. 그녀는 나를 무시한다. 나와 상대하기 싫은 게 분명하다. 대체 왜 내가 이런 무시를 당해야 하지? 무례하기 짝이 없는 여자다. 생각할수록 화가 나서 일이 손에 잡히지 않는다.

이 사례의 주인공은 인사를 받지 않은 여자가 자신을 무시한다고 확신하면서 강한 불쾌감을 느끼고 있다. 그런데 조금만 따져보면 너무 단순한 사고방식이다. '그녀가 인사하지 않았다'가 '나를 무시한다'의 증거가 될 확률은 낮다. 아주 다양한 이유를 유추할 수 있다.

그녀는 인사하지 않았다. 딴생각 중이었다.
그녀는 인사하지 않았다. 내 인사를 못 들었다.
그녀는 인사하지 않았다. 화장실이 몹시 급했다.

그녀는 인사하지 않았다. 평소 나를 무시한다.

　인사를 받지 않은 것은 명백한 사실이지만 짐작할 수 있는 이유는 수십 가지다. 딴생각에 골몰해 주변을 못 봤거나 청력이 아주 나빴던 탓일 수 있다. 배가 아파 급히 화장실로 가고 있었던 건지도 모른다. 또 어쩌면 그녀가 고개를 까딱하거나 낮은 소리로 대답했는데 못 알아차렸을 수도 있다.

분노를 부르는 자학적 사고방식

하나의 행동에는 수십 가지 해석이 나올 수 있다. 그런데 앞의 사례에서 '나'는 그 많은 해석 중 단 하나, '나를 무시한다'만을 선택해 유일하고 절대적인 사실로 믿어버렸다. 그러고는 극심한 분노와 복수심에 몸을 떨고 있으니 대단한 피해망상에 빠진 셈이다. 어쩌면 그녀는 아무런 감정이 없을 수도 있는데 자기 멋대로 상상하고 혼자서 고통의 시간을 보내는 셈이다.

　많은 사람이 이 사례 속 '나'처럼 '자학적 해석'의 습성을 갖고 있다. 하나의 사건을 두고 자신에게 가장 해로운 방향으로 해석하는 것이다. 가령 친한 친구가 선한 마음으로 그에게 조언을 해줬을 때, 그것을 자신에 대한 비난으로 해석한다. 발표 시간에 손을 들었는데 선생님이 자신을 지명하지 않으면

'선생님이 나를 싫어한다'라고 단정 짓는다. 통화 중에 상대방이 갑자기 '급한 일이 있다'며 전화를 끊으면 거절당했다고 받아들인다.

자신에게 불리한 방향으로 사건을 해석하는 습관은 일상을 괴로움으로 채우게 한다. 주변 사람들이 모두 사소한 일로 '적'이 된다. 이런 사고에서 벗어나려면 어떻게 해야 할까?

제일 확실한 방법은 생각을 끊는 것이다. 분석으로 들어가기 직전에 아예 생각을 잘라버린다. 가령 선생님이 손을 든 자신을 지명하지 않았다면, '선생님이 나를 지명 안 했네'쯤에서 생각을 그친다. '선생님이 왜 그랬을까' 분석하기 시작하는 순간 함정에 빠진다. 자학적 사고에 걸려들어 괴로워진다. 통화 중에 상대방이 전화를 빨리 끊길 원했다면 '급한 일이 있나 보네'에서 더는 생각을 진전시키지 않는다. 답도 찾지 못하고 전전긍긍하며 온갖 부정적인 생각에 휩싸이지 않기 위해서라도, 다음 일과로 생각을 전환한다. 당장은 이런 연습이 잘되지 않아도 의식적으로 노력하다 보면 어느 정도 훈련이 된다.

사실과 의견을 구분하라

다음은 생각을 완전히 멈추는 게 불가능할 때의 방법이다. 반드시 이유를 따져봐야 직성이 풀린다면 그렇게 하되, 사실과 의견을 구분해서 생각해야 한다. '그녀가 인사를 하지 않았다'라는 것은 '사실'이다. '그녀가 나를 무시한다'라는 것은 사실이 아니라 '의견'이다. 맞을 수도 있지만 순전히 자기만의 환상일 가능성도 충분하다. '그녀가 나를 무시한다'라는 생각을 하되, 이 생각이 틀릴 수도 있다는 걸 인정하느냐, 안 하느냐는 천지 차이다. 그렇게 인정하는 것만으로도 마음이 어느 정도는 편해진다. 증오와 복수심이 사라지고 평화가 찾아온다.

'이 사람이 전화를 빨리 끊고 싶어 한다'라는 것은 사실이고, '이 사람이 더는 나와 얘기하고 싶어 하지 않는다'라는 생각은 의견이다. 사실은 틀리지 않지만 의견은 틀릴 수 있다. 우리의 의견은 수많은 가능성 중 하나를 표현하는 말에 불과하다. 진실이라고 믿으면 곤란하다. 이렇게 사실과 의견을 구분할 수 있다면 자학적인 생각에 속수무책으로 빠져드는 것을 피할 수 있다.

그런데 사실과 의견을 구분하는 기술은 상당히 중요하지만 생각처럼 쉽지 않다. 네덜란드의 한 심리학 연구 단체가 제시한 자료를 일부 보완해서 소개한다. 아래의 진술들이 사실인지 의견인지 구분해보자.

1 ____ 나는 나쁜 사람이다.

2 ____ A가 나를 싫어한다고 B가 말했다.

3 ____ 아무도 나를 사랑하지 않을 것이다.

4_____ 나는 시험에 떨어졌다.

5_____ 머지않아 큰 재앙이 일어날 것이다.

6_____ 나는 과체중이다.

7_____ 나는 그들만큼 매력적이지 않다.

8_____ 그는 나에게 소리쳤다.

9_____ 그는 나를 미워하는 것 같다.

10_____ 우리 반에서 내 손이 제일 크다.

11_____ 내 발은 너무 크다.

12_____ 친구가 나에게 돈을 빌려주지 않았다.

13_____ 친구들이 모두 나를 싫어한다.

14_____ 내 눈동자는 검다.

15_____ 나는 못생겼다.

16_____ 그는 바쁘다며 나를 돕지 않았다.

17_____ 그는 이기적이다.

홀수 항목은 의견이고 짝수 항목은 사실이다. 의견에는 가치판단이 개입된다. '내가 나쁘다'거나 '누군가가 이기적'이라는 말은 의견이다. 개인의 가치판단이어서 기계로 측정할 수 없다. 반면 '과체중에 속한다'는 말은 숫자로 측정된 사실이다. '우리 반에서 손이 가장 크다' 또한 객관적인 사실에 해당한다. 반면 발이 '너무' 크다거나 '못생겼다'는 말에는 주관적인 판단이 깔려 있으므로 사실이 아니다. '내가 매력적이지 않다'도 마찬가지다.

사실은 진실이지만 의견은 틀릴 수 있다. 사람에 따라 의견이 다르고, 같은 사람이라 해도 상황이나 관점에 따라 판단이 달라진다.

가령 이런 말이 떠올랐다고 가정해보자.

'나는 쓸모없는 인간이다.'

많은 사람이 이런 생각을 한다. 어른도 아이도 가끔은 자신이 쓸모없는 존재라고 판단하고 괴로워한다. 그런데 이 진술은 사실일까? 당연히 의견에 불과하다. 의견이니 틀릴 수 있다. 뒤집으면 '내가 쓸모 있는 사람'일 가능성도 있는 것이다. 이것이 자학을 멈추는 생각의 방식이다. '그녀가 나를 무시하고 싫어한다'라는 판단 역시 마찬가지다. 아무리 자신이 한 생각이어도 의견에 불과하니 무작정 믿어서는 안 된다.

남의 마음을 곡해하지 않는 방법들

우리 사회 사람들은 유난히 주변 사람 기분에 관심이 많다. 물론 그 자체가 나쁘다 할 수는 없다. 다른 사람의 마음을 잘 읽어내고 배려하는 것은 사려 깊은 태도다. 그러나 과도하게 눈치 보는 태도는 건강한 생활을 방해한다. 특히 타인의 마음을 지레짐작하여 틀리게 읽으면 난감한 상황에 곧잘 부딪힌다. 자신에게 불리한 방향으로 상황을 해석하는 것도 마찬가지다. 다른 사람의 마음에만 너무 관심을 갖다 보면 착각과 오해에 자주 빠지게 된다. 이를 방지하기 위한 네 가지 방법을 소개한다.

1____ 사실만 믿는다

앞서 설명했듯 사실만을 좇으려고 노력해야 한다. 사실만 믿고 의견은 의심한다. 특히 나쁜 의견은 더욱 경계해야 한다. '나는 매력이 없어', '나는 실수 제조기야' 등은 의견일 뿐 아니라 '나쁜' 의견이다. 믿어서는 안 된다.

2____ 나쁜 의도는 없다고 믿는다

상대방이 어떤 생각을 갖고 있느냐와 별개로, 타인이 나쁜 의도를 갖고 있다고 믿으면 일단 그 생각을 하는 자신이 힘들어진다. 동료가 자신을 미워하거나 자신에게 해를 끼치려고 한다고 상상하면 그때부터 자신의 행동에 신경이 쓰이고 방어적인 태도를 보이게 된다. 생활이 피곤해진다. 상대에게 나쁜 의도는 없다고 믿어라. 그렇게 결단하고 생각하면 긍정적이고 건설적인 소통이 훨씬 수월해진다.

3___ 질문한다

아무래도 상대방의 의도가 의심스럽다면 차라리 질문해라. '혹시 나를 미워하느냐'고, 아니면 '내가 당신에게 상처를 준 일이 있느냐'고 물어보면 뜻밖의 속내를 들을 수도 있다. 단, 감정을 최대한 배제하고 정중하고 건조하게 질문해야 갈등이 빚어질 위험이 없다.

4___ 부탁한다

상대방이 어떤 오해를 했다면 충분히 설명하고 이해해주기를 청한다. 부당한 일을 겪었다면 강력한 항의가 답이겠지만, 대부분의 경우 간곡한 부탁은 훨씬 큰 위력을 발휘한다. 이런 방법은 내공이 단단한 사람만이 할 수 있는 일이다. 차분하고 겸손한 부탁을 거절할 사람은 거의 없다.

"아무래도 김 대리가 나를 싫어하는 거 같아."

"그래? 그걸 어떻게 알아?"

"말하는 투가 그래. 눈빛을 봐도 알 수 있고."

"널 싫어하는 듯한 눈빛을 몇 번이나 봤어?"

"두세 번은 되는 것 같아."

"혹시 오해한 건 아닐까? 그 친구가 개인적으로 걱정이 있어서 눈빛이 안 좋았을 수도 있잖아. 컨디션이 나빠서 눈을 찡그렸거나."

"진짜 오해일까?"

"진실은 나도 알 수 없지. 그렇지만 증거가 충분히 쌓이기 전까지는 판단하지 않는 게 좋을 것 같아. 모른 척 생각을 멈추도록 노력해봐. 혹시 알아? 나중에 뜻하지 않게 김 대리와 친해질지. 판단을 유보하고 기다려봐."

두려움은 거짓말에 능숙하다

버스가 막힌다. 이대로면 지각이다. 하필 회의 있는 날에 지각이라니. 가자마자 팀장한테 혼나게 생겼다. 계속 이렇게 찍히다가는 승진도 못하고 퇴사하게 될지도 모르겠다. 연애도 제대로 못하고 결혼도 못하고 독거노인으로 살다 홀로 쓸쓸히 죽어갈지도…….

이럴 수가. 교통 체증이 고독한 죽음에 대한 상념까지 불러왔다. 내 뇌는 늘 이런 식으로 최악의 상황을 그려내 나를 괴롭힌다. 황당하고 웃긴 일이다.

몹시 과장됐지만 전혀 허무맹랑한 얘기는 아니다. 실제로 저런 식으로 걱정하는 사람이 더러 있다. 그들의 뇌는 마치 스릴러 작가 같다. 쉬지 않고 나쁜 생각을 지어낸다. 이런 생각은 공포감을 일으켜 사소한 일에도 벌벌 떨게 만든다. 작은 사건에도 '큰일 났어', '위험해'라고 요란하게 외쳐댄다.

'재앙적 사고catastrophizing'라는 개념이 있다. 근거 없이 최악의 상황을 상상하는 태도다. 이런 사고는 최악의 일을 상상하는

데 익숙하다. 가령 해외여행을 떠나면서 비행기 사고를 상상하는 식이다. 작은 일에 실패했을 때 그 일이 인생 전체에 영향을 줄 거라 생각한다. 버스가 막히는 상황에 먼 훗날의 고독사를 떠올리는 것처럼 말이다.

재앙적 사고에 속지 않으려면

평범한 사람도 이런 재앙적 사고에 때때로 빠져든다. 특히 대인 관계에 대해 생각할 때 그렇다.

남편은 옷을 아무 데나 아무렇게나 벗어둔다. 양말도 제멋대로 집어던진다. 옷걸이나 빨래 통에 제대로 두는 일이 없다. 매번 그의 뒤치다꺼리를 하다 보면 한 번씩 화가 난다. 제멋대로 어질러놓으면 으레 내가 치워줄 거라 믿는 게 분명하다. 나를 하녀 취급 하고 있는 것이다.

그녀는 내가 문자를 보냈을 때 곧바로 답장할 때가 거의 없었다. 전화하는 횟수도 점점 줄었다. 나는 그녀가 이제 나를 사랑하지 않는다고 확신했다. 우리 관계에 싫증 난 게 분명하다고. 더는 상처받고 싶지 않아 내가 먼저 그녀를 멀리하기 시작했다. 그렇게 우리는 서서히 멀어졌고, 결국 헤어졌다.

미국 심리학자 세스 길리한Seth Gillihan이 한 심리학 전문 매체에 제시한 사례를 각색한 이야기다. 사례 속의 사람들은 아주 작은 단서를 놓고 심각하고 큰 결론을 만들어냈다. 양말을 바닥에 벗어놓는 일은 사소한 행동이다. 그러나 남편이 아내를 하녀로 생각한다는 사실은 크고 중요한 문제다. 작은 행동을 큰 결론으로 연결 짓는 사고는 오해와 싸움만 부르기 십상이다. 재앙적 사고의 전형적인 문제다. 애인이 답장을 빨리 하지 않는 것은 단순히 바쁘기 때문일 수 있다. 그 시기에 말 못할 안 좋은 상황이 있을 수도 있고, 혼자만의 깊은 고민에 빠져있을 수도 있다. 그런데 사례 속 남자는 '답장을 늦게 보낸다'라는 한 가지 재료로 '사랑이 끝났다'라는 결론을 만들어냈다.

사소한 것의 의미를 과장해 해석하면 많은 것을 잃고 손해를 본다. 사소한 일로 큰 다툼을 만들어 관계를 그르치고, 지레 겁을 먹는 바람에 인연이 끝나기도 한다.

설사 아무 일이 일어나지 않은 평온한 하루라 해도, 나쁜 일을 상상하는 것만으로 그 사람의 시간은 불행으로 가득해진다. 화창한 봄날, 연인이 언젠가 자신을 버릴지도 모른다는 생각에 전전긍긍하는 사람을 상상해보라. 막히는 버스 안에서 고독하게 생을 마감하는 자신을 상상하며 쓸쓸해하는 남자는 또 어떤가.

인간의 뇌는 모래 한 줌으로도 상상의 궁전을 짓도록 프로

그래밍되어 있다. 작은 상황을 보고 순식간에 공포에 젖는 '나'를 어떻게 구출할 수 있을까? 최근 당신을 두렵게 하는 한 가지 생각을 떠올려보라. 그리고 아래와 같이 질문하고 답해보자.

a＿＿＿ 이 생각의 증거는 뭐지?

b＿＿＿ 내가 과장해서 마음대로 생각하는 게 아닐까?

c＿＿＿ 그 일이 일어날 확률은 몇 퍼센트나 될까?

a와 b는 심리학자 세스 길리한이 제시한 질문이다. 생각의 근거를 진지하게 자문해보는 것이다. '애인이 더는 나를 사랑하지 않는다'라고 입증할 증거가 구체적으로 무엇인지 생각해본다. 뚜렷한 근거 없이 멋대로 과장한 결론이라 판단되면 그 즉시 생각을 쓰레기통으로 던져버린다.

c도 도움이 되는 질문이다. '그 일이 일어날 확률이 몇 퍼센트인가' 스스로 묻고 추정해보는 것이다. '배우자가 나를 경멸하거나 하녀 취급할 확률이 몇 퍼센트나 될까', '그 동료가 나를 미워할 확률이 몇 퍼센트나 될까' 객관적으로 가늠해본다. 물론 이 또한 주관적인 판단이므로 정확한 추정은 불가능하지만 50퍼센트가 넘는지, 아닌지 여부는 판단할 수 있다. 확률이 낮다면 휘둘릴 가치가 없는 '잡생각'이다. '내가 외롭게 고독사할 확률은 어느 정도일까' 같은 질문도, 이런 식으로 생각해보

면 얼마나 무가치한 망상인지 알 수 있다.

상상으로 두려움을 만들지 말자. 인생이 우울해진다. '겁쟁이의 상상'을 줄이는 방법은 다음과 같이 요약된다.

1___ 자신의 생각을 살펴본다

재앙적 사고는 자동으로 일어난다. 어떤 현상을 목격하거나 겪자마자 생각은 쏜살같이 나쁜 상황을 향한다. 이런 자신의 생각 회로를 유심히 관찰하는 게 도움이 된다. '내가 또 최악의 상황을 상상하고 있구나'라고 자각하고 있기만 해도 스스로를 통제하고 마음을 달랠 준비가 된다.

2___ 상상과 현실을 혼동하지 않는다

상상은 상상일 뿐 현실이 아니다. 걱정이 사실과 전혀 무관하다는 사실을 인정해야 한다. 누구나 헛된 상상에 빠질 수 있다는 걸 기억한다. 머릿속을 휘몰아치는 대재앙의 시나리오는 상상으로 끝날 가능성이 높다. 고통받을 이유가 없다.

3___ 어느 정도 위험인지 점수를 매긴다

앞서 말했듯 재앙이 실제로 일어날 수 있다고 생각되면 그 위험 수준을 수치화해본다. 가령 직장 상사에게 질책을 받았다면, 이 사건이 해고나 권고사직 등 치명적인 사건으로 이어질 확률이 어느 정도나 될지 점수를 매겨본다. 재앙적 사고에 완전히 함몰되어 있으면 끔찍하고 치명적인 결과가 일어날 확률이 100퍼센트라고 생각하기 쉽다. 냉정하고 객관적으로 상황과 가능성을 따지는 훈련을 하면 이런 습관이 호전된다.

4___ 생각을 멈춘다

나쁜 생각이 거세게 휘몰아칠 때 '이 생각을 만들어낸 나는 바보'라고 생각한다. 타인의 마음을 완벽히 알 수 있다는 생각, 50년 뒤의 인생을 추리해낼 수 있다는 생각은 오만하고 바보 같은 착각이다. 우리는 대부분 자기 지성에 대해 교만하다. 다 알고 있다고 상상하고 다 아는 것처럼 절망한다.

우리는 우주의 원리를 손톱만큼도 모른다. 타인의 마음이나 미묘한 우연들의 원리를 다 알지 못한다. 복잡다단한 세계의 티끌만큼만 보고 사람들은 모든 걸 다 알고 있다 착각한다. 이것을 분명히 자각하는 것이 우선이다.

인생을 바꿀 나쁜 일이 일어날 확률이 전혀 없지는 않다. 그러나 그런 재앙이 일어날 가능성은 로또에 당첨될 확률만큼이나 낮다. 더구나 일어나지도 않은 일을 미리 걱정하는 것만큼이나 무가치한 시간 낭비도 없다. 재앙을 상상하는 버릇에서 해방되는 것만으로 현재를 즐기는 시간이 훨씬 늘어난다.

"나는 매일 최악의 상황을 상상하곤 해. 그리고 실제로 그런 일이 일어날 것만 같아."

"예를 들면?"

"엘리베이터가 흔들리면 아파트가 무너지는 상상을 해. 속이 쓰리면 혹시 심각한 병에 걸린 게 아닐까 걱정되고."

"다른 걱정은 없어?"

"소행성이 지구와 충돌할지도 모른대. 그럼 인류는 멸망할 거야."

"그래, 가능성이 전혀 없는 일은 아니지."

"응, 솔직히 너무 무서워."

"그런데 소행성이 지구와 충돌할 가능성이 0.001퍼센트쯤 된다면, 떨어지지 않을 확률은 99.999퍼센트야. 99퍼센트를 믿고 그냥 즐겁게 사는 게 낫지 않아? 혹시 나중에 지구가 멸망하더라도 그때까지 걱정 없이 사는 게 이득일 거 같은데."

"그래도 대책이 있어야 하지 않을까?"

"대책은 네가 통제할 수 있는 일에만 세워. 병에 걸리는 게 두렵다면 건강검진을 꼬박꼬박 받아. 일어날 확률이 낮은 일로 걱정하는 건 시간 낭비야. 그런 일엔 차라리 무념무상이 답이야."

어떤 목표는 나를 더 사랑스럽게 만든다

어느덧 50대 초반이 되었다. 사업을 일구느라 평생을 고생했다. 그리고 이제 곧 은퇴를 한다. 거액은 아니지만 남은 인생 여유롭게 먹고살 만큼은 모아뒀다. 월세를 받을 작은 건물도 있다. 이제는 평화롭고 조용한 삶을 살고 싶다. 여행도 다니고 맛있는 것도 많이 먹으면서 그동안 못 누린 휴식을 만끽할 것이다. 나는 평생 너무 많이 일했다. 이제는 쉴 시간이다.

은퇴한 자산가의 이야기다. 나이가 들어서도 일을 놓지 못하는, 혹은 놓을 수 없는 많은 사람이 부러워할 말이다. 젊은 세대 역시 동경할 것이다. 경제적 목표를 빨리 이룬 뒤 편안하고 조용하게 살 수 있다면 얼마나 좋을까 싶을 것이다.

그런데 생각해보자. 일찍 은퇴한 자산가의 삶이 성공적이고 행복한 인생이라면, 경제적 목표를 좇아 아등바등 사는 평범한 사람들의 삶은 불행한 인생일까? 사례 속 50대 남자는 과연 앞으로의 여생을 마냥 행복하게만 보낼까?

미국 심리학자 나다니엘 브랜든Nathaniel Branden은 자존감을 지탱하는 여섯 기둥 중 하나가 '삶의 목표'라고 설명한다. 당연한 이야기다. 사람들이 목표를 세우고 노력하고 끝끝내 성취하는 것은 행복을 추구하는 또 하나의 방법이다. 목표에 도달하는 경험은 강한 자부심을 느끼게 한다. 설령 목표를 이루지 못하더라도 성취를 위해 노력하는 과정에서 자기 긍정의 태도를 가질 수 있다. 목표는 자존감의 필수 조건인 셈이다.

재벌 3세는 왜 불행할까

인생에서 아쉬울 것 하나 없어 보이는 재벌 3세들은 과연 행복할까? 그들은 부모의 사업을 물려받기 위해 어린 시절부터 준비한다. 집안에 어울리는 전공을 택하고 대학 졸업 후에는 유학을 가서 학위를 딴다. 이상하게도 학위를 참 '쉽게' 딴다. 그 후에는 부모가 운영하는 회사에 들어간다. 남들은 죽어라 고생해서 입사하고 승진하는 기업을 마치 집 앞 마트 가듯 들어가 고속 승진을 한다. 태어나면서부터 이미 꽃길이 놓인 인생인 셈이다. 부모가 시키는 대로 걷는 인생, 행복하지 않을까?

준비된 꽃길을 걷는 인생은 사실상 고통이 되는 경우가 많다. 스위스의 정신 치료 시설 파라켈수스 센터의 책임자 얀 게르버Jan Gerber가 한 언론과의 인터뷰에서 말했다.

"가족 사업을 물려받는 사람들은 자신의 인생이 첫날부터 이미 계획되어 있다는 사실을 알게 됩니다."

단정적으로 말하자면, 그들은 태어나자마자 풍요로운 자산을 물려받는 대신 '선택'이라는 의지를 박탈당했다. 진학도, 전공도, 유학도, 입사도 모두 부모가 정한 계획에 로봇처럼 따라야 한다. 거대 기업을 물려받는 행운아들의 공통적 비극이다. 그들은 자율적인 존재가 아니라, 남이 짜놓은 계획을 따르는 피동적 존재다.

얀 게르버에 따르면 중동 부잣집 자녀의 80퍼센트가량이 정기적으로 항우울제를 복용하고 있다고 한다. 땅속의 기름만 퍼다 팔면 될 것 같은 중동 만수르 가문의 자녀들도 괴롭고 우울할지 모를 일이다. 이미 설계된 프로그램에 따라 로봇처럼 살아가는 특권층의 비운이다.

정해진 수순을 밟아 아버지 회사에 들어가 가장 높은 자리를 꿰찼다고 치자. 이제 고통과 허무감에서 해방될까? 아니다. 이때부터가 본격적인 시작이다. 재벌 기업의 오너는 다치는 법이 없다. 수익이 줄어든다 해서 오너가 해고되거나 쫓겨나는 경우는 극히 드물다. 바로 밑에서 보좌하는 이들이 책임지게 되어 있다.

'책임이 없다'는 사실이 중요하다. 대부분의 사기업에서 기업 소유자는 책임을 면한다. 이는 달리 말하면 '역할이 없다'는 말이 된다. 그들이 출근하지 않아도 기업은 잘만 굴러간다. 견딜 수 없이 무료한 삶이 계속된다. 지루하고 공허한 삶은 약물과 쾌락 등 일탈의 유혹을 떨쳐내는 데 취약하다.

평범한 서민에게 특권층의 삶은 부러움의 대상일 수밖에 없다. 그러나 그 삶엔 우리가 알지 못하는 공허함이 있다. 스스로 선택한 목표가 없는 삶, 이런 인생이 과연 당신의 삶보다 빛난다 할 수 있을까?

행복과 존경을 획득한 노숙인 소녀

이번엔 정반대의 삶을 소개한다. 지극히 가난했지만 목표를 향한 강한 열망 덕에 행복과 존경을 얻은 미국 여성 리즈 머리Liz Murray의 이야기다.

그녀는 1980년 뉴욕 브롱스에서 태어났다. 부모가 모두 가난한 마약 중독자였으며 후에 인간 면역 결핍 바이러스HIV에 감염됐다. 열다섯 살에 홈리스가 되었고, 1996년에는 어머니가 에이즈로 사망했으며 아버지는 10년 후 같은 병으로 세상을 떠났다. 그녀는 뉴욕의 길거리에서, 친구네에서, 지하철에서 잠을 자야 했다. 하지만 이 끔찍한 시련이 그녀의 의지를 꺾지는 못했다. 힘겹게 공부를 시작해 하버드대학교에 당당히 입학하면서 전 국민의 주목을 받았다. 그녀는 후에 이런 회고를 남겼다.

엄마와 나는 항상 말했다. '언젠가는 내 인생을 더 좋게 바꾸겠다'고. 그런데 엄마가 꿈을 이루지 못한 채 돌아가셨다. 그때 나는 분명히 깨달았다. 지금 당장이 아니면 영원히 꿈을 이룰 수 없다는 사실을.

우리에게 주어진 시간은 생각보다 길지 않다. 조급해서도 안 되지만 낭비하기엔 너무 아까운 시간이다. 꿈이 있다면 가능한 한 리즈 머리처럼 간절하게 꿔야 한다. 그 목표가 당신을 이끌고 절망감으로부터 보호할 것이며, 당신을 더욱 사랑스러운 존재로 만들어줄 것이다.

꿈이 없는 삶은 허망하다. 꿈을 잃은 부자가 꿈을 가진 노숙자보다 더 불행할 수 있다. '목표를 꼭 가져야 한다'라는 뻔한 교훈으로 이 얘기를 마무리 지을 생각은 없다. 모든 목표가 이로운 것은 아니다. 당신에게 이로운 목표, 당신을 행복하게 만드는 꿈을 세우는 방법을 말하고자 한다.

인생의 목표를 세우는 법

영국 정부의 심리 치료 기구HPFT는 '좋은 목표의 요건'을 여러 가지 제시하는데, 그중 세 가지가 특히 설득력 있다. 좋은 목표는 '이룰 수 있어야' 하고, '구체적이어야' 하며, '제한된 시간이 있어야' 한다. 이루기 힘든 비현실적 목표는 힘만 빼고 좌절감을 부른다. 구체적이지 않고 추상적이면 성취하기 어렵다. 또 목표를 이루려면 그에 대한 시간 계획이 필요하다.

a—— 나는 로또에 당첨될 것이다.
b—— 나는 틀림없이 성공할 것이다.
c—— 나는 성공할 때까지 포기하지 않을 것이다.

a는 목표가 될 수 없다. 비현실적인 몽상이다. 이렇게 이룰 수 없는 목표를 세우면 삶은 더욱 공허해진다.

b는 a에 비해 현실적이다. '반드시 노력해서 성공하겠다'라는 강한 의지의 표현이다. 그런데 엄밀히 말해 성공의 여부는 개인의 힘만으로 결정되는 게 아니다. 환경, 운, 타이밍 등 여러 외부 요소가 종합적으로 작용한다. 여기서 '나'가 '선택'할 수 있는 영역은 좁다.

c는 어떤가. '포기하지 않는 태도'는 '나'가 선택할 수 있다. 태도는 외부 변수가 아니라 자신의 의지에 속하는 영역이다. c라는 목표에서 주체는 '나'가 된다. 자신의 결정권이 가장 강하다. 따라서 가장 현실적인, 실현 가능성이 높은 목표가 된다.

나는 이제부터 절대로 불안해하지 않을 거야.

매일매일 행복할 거야.

올해는 사랑을 할 거야.

모두 중요한 삶의 목표다. 그런데 이런 목표를 이루기는 사실상 어렵다. 추상적이기 때문이다. 달리 말해 구체성이 떨어진다. 이런 추상적인 목표를 세우고 쉽게 잊지는 않는가? 그렇다면 다음과 같은 목표들을 세워보면 어떨까?

불안한 마음이 생기면 눈을 감고 심호흡을 하자.

내가 어떤 때 행복한지 매일매일 체크해야지.

한 달에 한 번씩 소개팅을 할 거야.

각각 '평정심', '행복', '사랑'을 얻겠다는 다짐이다. 어떻게 하면 불안감을 없애고 행복과 사랑을 얻을 수 있는지 구체적인 방안을 생각해내지 못하면 추상적 목표는 이룰 수 없다. 이렇게 구체적인 목표를 세우고 이루려고 노력하면, 달성 확률이 한층 높아진다.

좋은 목표를 완성하는 마지막 요건으로 '제한된 시간'을 이야기했다. 하나의 목표를 이루기 위해 시간을 무한정 쓸 수는 없다. 또 장기적인 목표를 이루기 위해서는 단기 목표들을 면

저 달성해야 한다. 시간을 나눠 목표를 재설정하는 단계가 필요하다.

다음 주에 할 일은 무엇인가.
다음 달에 할 일 중 가장 중요한 일은 무엇인가.
내년까지 꼭 이뤄야 할 목표는 무엇인가.
5년 후에 꼭 이루고 싶은 목표는 무엇인가.

단기·중기·장기 목표를 세우고 그에 맞춰 스케줄을 다시 꾸려보면 생활의 활력이 생긴다. 중간 중간 목표를 달성해가면서 자기 긍지도 높아진다.

"기억하세요, 희망은 좋은 것입니다. 아마 모든 것 중에서 가장 좋은 게 희망입니다. 그리고 좋은 것은 절대로 죽어 사라지지 않죠."

영화 〈쇼생크 탈출〉에 나오는 말이다. 억울한 옥살이를 살아야 하는 주인공에게는 꿈이 있다. 지옥 같은 감옥을 탈출해 자유를 얻는 것이다. 그는 19년 동안 벽을 뚫어 탈출에 성공한다. 뚜렷한 목표가 있었기에 끝끝내 희망을 포기하지 않았다.

작가 스티븐 킹은 희망이야말로 모든 것에서 최고라고 말하는데, 억울한 재소자뿐 아니라 불안한 일상을 사는 보통 사람들에게도 희망은 최고의 가치다. 우리 삶은 불안하다. 매일매일 고통이 따른다. 툭하면 거울 속의 자신이 가장 무능하고 무가치한 존재로 보인다. 이런 상황에서 우리를 구원하는 것은 결국, 희망이다. 희망은 불안과 고통과 자기 비하에서 벗어나 앞으로 나아갈 힘을 준다. 목표를 이룰 수 있다는 희망이 있을 때 우리는 더 아름다워질 뿐만 아니라 덜 불행해질 수 있다.

'희망'이라는 말의 의미가 퇴색된 지 오래인 지금이 어쩌면, 희망을 가장 필요로 하는 시대인지도 모른다.

매일 좌절해도 괜찮아, 나를 믿는다면

한 영국 작가는 1994년 이혼 후 보조금을 받는 처지였다. 아이의 끼니를 책임지는 것조차 힘겨울 정도로 가난했다. 컴퓨터 살 돈이 없어 타자기로 원고를 작성해 출판사에 보냈다. 1997년《해리포터와 마법사의 돌》이 출간되어 성공을 거두기 전까지, 그런 생활을 계속했다.

롤링은 말한다. "어떤 일에 실패하지 않고 사는 것은 불가능합니다. 실패하지 않으려면 극도로 조심해야 하는데, 그렇게 산다면 아예 살지 않는 것과 다름없어요. 그런 삶은 삶 자체가 실패입니다."

'살다 보면 실패도 할 수 있다'라는 흔한 위로 차원에서 한 말이 아니다. 그녀는 실패와 좌절이 인생의 필수 요소라고 말한다.

걸음마를 시도하는 아이는 넘어질 수밖에 없다. 금쪽같은 아이가 넘어지는 게 마음 아파 걸음마를 못하게 하면 아이는 평생 걸을 수 없다. 이건 사랑이 아니라 학대다. 아이를 사랑한다면 넘어지게 둬야 한다. 실패를 경험하게 해야 한다. 실패의 경험이 없다면 우리는 영원히 갓난아이에 멈춰 있을 것이다.

삶은 실패와 성공이 뒤섞인 선물이다. 100퍼센트 행복한 순간은 존재하지 않는다. 아이는 걸음마를 배우다 넘어져 아프고, 학교에 가서는 처음 맺는 관계들 속에서 마음을 다치고, 더 자라서는 경쟁에 치여 고통받는다. 모두가 부러워하는 결혼을 해도 새로운 종류의 불행과 부닥친다.

우리는 이 사실을 매일 피부로 느낀다. 아침에 집을 나서면서 '오늘은 행복했으면', '기분 좋은 일만 생겼으면' 소망하고 '종일 웃으며 보내야지' 다짐해도 그 소망과 다짐이 무색한 하루를 보내기 일쑤다.

지구가 태양 주위를 돈다는 지동설을 믿지 않으면 바보다. 마찬가지로 실패나 불행을 인생에서 완전히 도려낼 수 없다는 명백한 사실을 인정하지 않는 것도 바보 같은 짓이다. 행복하고 즐거운 일만큼 불행하고 화나는 일도 겪을 수밖에 없다는 사실을 받아들이는 것이 자신을 사랑하는 방법의 기본이다.

불행과 실패와 그로 인한 짜증, 좌절이 당연한 거라면 행복을 포기하자는 말일까? 물론 아니다. 헛된 투지를 버리자는 말이다.

삶이 어차피 행불행을 오가는 것이라면, 우리에게 필요한 것은 '반드시 행복해지고 말겠어'라는 투지가 아니다. 마음의 탄력성이다. 구부렸다 놓는 즉시 본래의 모습으로 돌아가는 고무 같은 탄력성, 심리학에서 말하는 '회복 탄력성resilience' 말이

다. 마음의 탄력성이 높으면 불행을 겪어도 금방 회복된다. 슬픔에 잠기고 두려움에 떨다가도 어렵지 않게 평온한 마음을 되찾는다.

a____ 반드시 행복해질 것이다.
b____ 불행을 겪어도 이내 행복한 마음을 되찾을 것이다.

a는 행복하겠다는 강력한 의지의 표현이고 b는 마음의 탄력성을 기르겠다는 뜻이 된다. b가 훨씬 성숙한 다짐이다. 슬픔, 불행, 실패를 겪을 수밖에 없다는 사실을 받아들이고 그것을 감내하겠다는 의지가 깔려 있어서다.

c____ 오늘 기분 좋은 하루를 보낼 거야.
d____ 오늘 나쁜 일이 생겨도 곧 좋은 기분을 회복할거야.

어느 쪽이 더 현실적인가? d는 나쁜 일이 닥치면 기분이 상할 거라는 사실을 분명히 인정한다. 현실을 분명하게 인지한 사람의 다짐일수록 실현될 가능성도 높다.

마음의 탄력성이 높은 역사적인 인물로 에디슨을 꼽을 수 있다. 그는 천 개의 실패작을 만든 후에야 제대로 된 백열전구를 만들 수 있었다. 천 번의 실패도 그의 의지를 꺾지 못했다. 매일 아침 그는 어떻게 다짐했을까? '오늘은 꼭 완성하고 말 거야'였을까, 아니면 '오늘 완성하지 못해도 좌절하지 않을 거야'였을까? 후자일 가능성이 높다.

탄력성이 낮은 마음은 작은 불행에 급속히 우울해진다. 사소한 시련에도 빠르게 좌절한다. 불쾌한 일로 기분이 삽시간에 어두워진다. 그리고 그 기분이 아주 오래, 강하게 지속된다.

탄력성이 높은 마음 역시 불행하고 실망스러운 일에 어두워지기는 매한가지다. 그러나 금방 회복된다. 우울과 실패의 경험에 충격을 덜 받는다. 시험 성적이 낮아도, 일을 깔끔하게 해내지 못해 주변의 핀잔이 들려도 쓰러졌다가 이내 일어난다.

탄력성이 낮은 사람의 생각	탄력성이 높은 사람의 생각
나쁜 일이 생기면 어떡해야 될지 모르겠어.	나쁜 일은 어떻게든 해결될 수 있어.
슬픈 일이 생기면 오랫동안 잊히지가 않아.	슬픈 기억이 있지만 그게 내 행동과 마음에 큰 영향을 미치지는 않아.
주변 사람 때문에 피해 볼 때가 많아. 나는 늘 희생자야.	내 인생의 중심은 나야.
문제가 생기면 누구 책임인지 먼저 따져야 해.	문제가 생기면 해결책을 먼저 찾아야 해.

회복력을 기르는 마음의 태도

마음의 탄력성은 상처로부터 자신을 지키는 방탄복과도 같다. 어떡하면 이 방탄복을 입을 수 있을까?

1___ 낙관적 태도

낙관하는 연습이 도움 된다. 아무리 나쁜 일이 있어도 곧 끝나게 되어 있다고 믿는 것이다. 또 힘든 과정을 거치고 나면 값진 교훈을 얻는다고 생각한다. 이런 낙관적 태도를 가지면 작은 불행이나 좌절이 닥쳐도 쉽게 쓰러지지 않는다.

2___ 불확실성을 즐기는 마음

오늘은 과연 전구 발명에 성공할 수 있을지 에디슨은 확신하지 못했다. 세계적인 베스트셀러를 출판할 수 있을지 롤링은 확신하지 못했다. 그러나 그들은 확신할 수 없는 일에 좌절하지 않았다. 결과가 불확실한 상황은 어쩔 수 없이 조바심과 불안한 마음을 일으키지만, 그 불안을 버틸 힘을 가져야만 좌절의 수렁에 빠지지 않을 수 있다.

3___ 감정 자르기 능력

좌절은 누구나 느낀다. 그 자체로 죄책감을 느낄 필요가 없다. 그러나 며칠 동안 똑같은 감정에 젖어 있는 건 곤란하다.

그 감정은 넝쿨처럼 영혼을 잠식하기 때문이다. 마음을 속이는 감정은 빨리 잘라내버려야 한다.

4—— 자기 연민의 마음

건강한 자기 연민은 마음의 탄력성을 높인다. 어려움을 겪는 자신에게 공감하고 위로해주는 것이다. 두 가지 위로가 필요하다.

첫 번째는 응원의 위로다.

'오늘도 실패했구나. 슬플 거야. 모든 걸 포기하고 싶기도 할 거야. 그래도 힘을 내. 다시 한 번 도전한다면 더 잘할 수 있을 거야.'

두 번째는 시야를 넓혀주는 위로다.

'오늘도 실패했구나. 그런데 많은 사람이 너처럼 실패해. 그리고 다시 도전하지. 너도 그러면 돼.'

'너만 그런 게 아니야'라는 위로는 언뜻 무성의해 보일 수 있다. 그러나 지금 당장의 절망과 슬픔이 모든 사람이 겪는 공통 감정이라 생각하면 견디기가 한결 수월해진다.

마음의 탄력성을 키우는 10가지 방법

미국 심리학회가 마음의 탄력성을 기르는 열 가지 방법을 제시했다.

1____ 가족과 친구에게서 힘을 얻는다

가족이나 가까운 지인의 지지는 마음의 탄력성을 기르는 데 큰 힘이 된다. 힘든 일에 처해도 가족과 친구들의 인정과 응원을 들으면 빠르게 마음을 회복할 수 있다.

2____ 위기를 이겨낼 수 있다고 생각한다

우리에게는 스트레스를 일으킨 상황 자체를 바꿀 힘이 없다. 그러나 그에 대한 해석과 반응은 통제할 수 있다. 위기를 극복할 수 있다는 굳은 믿음은 또한 상황을 역전시키는 데 필요한 '열린 사고'를 하게 돕는다.

3____ 변화가 인생의 일부라고 인정한다

상황이 의도한 것과 달리 급변했다면 곧바로 받아들여야 한다. 부정하고 외면하면 문제가 악화될 뿐이다. 살다 보면 이런 경우가 비일비재하다. 이미 일어난 변화는 깔끔하게 인정하고 문제 해결을 모색하는 유연성이 필요하다.

4____ 목표를 추구한다

현실적 목표를 세우고 매일매일 조금씩 성취해나간다. 목표에 집중하면 자잘한 문제 상황 앞에서 중심을 잃지 않는다.

5——— 단호한 행동을 취한다

문제를 정면으로 응시하고 가장 좋은 방법을 찾아 행동에 옮긴다. 문제가 사라질 것으로 기대하고 멍하니 기다린다고 바뀌는 건 아무것도 없다.

6——— 결국 성장할 거라 믿는다

인생에서 큰 비극을 겪고 깨달음을 얻은 사람은 그만큼 강한 마음을 지녔다. 타인을 포용하는 마음도 크다. 삶을 대하는 생각이 유연하고, 정신적으로 깊은 성장을 이뤘다. 지금 힘든 일을 겪고 있다면 그 시기를 지나보낸 후의 당신을 상상해보라. 지금보다 훨씬 강인해진 미래의 당신이 당신을 기다리고 있다.

7——— 자신을 긍정한다

자신에 대한 긍정적인 시각이 필요하다. 자신의 판단력과 문제 해결 능력을 스스로 믿어야만 실행할 힘도 생긴다.

8——— 더 넓은 관점을 선택한다

좁은 시야로는 현재의 상황과 그 상황을 타개할 방법을 찾기가 힘들다. 넓은 관점으로 상황을 바라봐야 장기적으로 도움되는 선택을 할 수 있다.

9____ 희망적 시각을 유지한다

낙관적인 전망은 현재의 어려움을 극복하고 즐길 에너지를 가져온다. 두려운 일보다 기분 좋은 일을 상상하는 습관을 들인다.

10____ 나 자신을 돌본다

충분히 휴식하고, 몸에 좋은 음식을 먹고, 운동으로 체력을 기른다. 기분이 좋아지는 일을 하며 스스로를 돌본다.

나는 ____한 사람이다

네덜란드 심리학자 이디스 그롯버그Edith Grotberg가 제시하는 방법도 유용하다. 마음이 힘들 때 'I have', 'I am', 'I can'을 두고 세 개의 문장을 완성해보는 것이다.

I have: 나에게는 _____이 있다.

I am: 나는 _____한 사람이다.

I can: 나는 _____할 수 있다.

이런 문장들이 나올 수 있다.

나에게는 언제나 나를 믿고 사랑하는 친구들이 있다.

나는 친구의 사랑과 응원을 받는 사람이다.

나는 이 문제의 해결 방법을 찾을 수 있다.

나에게는 나를 걱정하고 응원하는 가족들이 있다.

나는 가족들의 사랑을 받는 사람이다.

나는 이 어려운 시간을 견딜 수 있다.

위기 앞에서도 쉽게 무너지지 않는 마음을 갖기 위해 필요한 요건은 세 가지로 요약된다. '힘을 주는 존재', '자신을 믿는 마음', '넓은 관점'이다. 이 문제로 인해 자신이 파멸하는 것이 아니라 분명히 성장할 거라는 믿음은 생각보다 큰 에너지를 발휘한다. 참고로 첫 번째 요건인 '힘을 주는 존재'가 꼭 사람이어야 하는 것은 아니다. 가령 애완동물이나 아끼는 식물이 될 수도 있다.

"또 실패했어. 앞으로 어떡할지 너무 막막해."

"해리포터 작가 롤링이 그랬어. 실패는 인생의 일부라고."

"꿈을 이뤘으니 하는 소리겠지. 성공한 사람들의 속 편한 영웅담, 나는 안 믿어."

"성공한 후에도 실패나 불행은 찾아와."

"모든 걸 다 이룬 롤링도 불행한 일을 겪을까?"

"당연한 거 아니야? 재벌들도 마찬가지고."

"그렇다면 모든 인생은 불행하다는 거네. 그 또한 슬픈 일이야."

"모든 인생엔 불행과 행복이 같이 들어 있어. 인생은 재미있는 롤러코스터야. 네가 지금 내리막길에 있다면 곧 올라갈 거야. 그렇게 생각하면 용기가 날걸."

"그렇다면 내 롤러코스터는 고장 났나 봐. 좀처럼 올라가지를 않아."

"누구나 그렇게 생각할걸. 자기가 가장 힘들다고. 그렇지만 지나고 생각해보면 내려간다고 느꼈던 순간에도 조금씩 올라갔던 거구나, 싶을 거야."

감사하는 마음이 만드는 기적

공무원 시험을 준비 중이다. 그야말로 인생이 걸린 시험이다. 공부는 하면 할수록 힘들고 고통스럽다. 잡념을 떨쳐내고 집중해도 될까 말까인데 그조차 힘들다. 어떡하면 집중력이 강해질 수 있을까. 강력한 의지만이 답이다. 놀고 싶은 욕망, 꼬리에 꼬리를 물고 일어나는 걱정을 강하게 누르는 의지. 나에게는 무엇보다 강한 의지가 필요하다. 느슨해질 때마다 끊임없이 나를 다잡아야 한다. 강한 의지로 유혹을 이겨내 반드시 시험에 합격하겠다.

'강한 의지를 갖고 노력해야 성공할 수 있다'라고 흔히 말한다. 성공을 경험한 사람들이 강조하는 말이니 맞는 말일 것이다. 강한 목표 의식과 인내심, 의지가 없다면 목표를 달성하기 힘들다. 의지력에 관한 명언도 아주 흔하다.

"사람들에게 힘이 부족한 게 아니다. 의지가 부족할 뿐이다."
"위대한 의지력이 없다면 위대한 재능은 존재할 수 없다."

빅토르 휴고와 오노레 드 발자크의 명언이다.

평범한 사람들은 대부분 의지가 약하다. 목표를 세워도 곧잘 실패한다. 열심히 노력해야지 마음먹어도 일주일 이상 지속되지 않는다. 새해가 시작되면 비장한 마음으로 목표를 세우지만 몇 주 지나지 않아 잊어버린다. 영어 공부를 꼭 하겠다는 다짐, 매일 운동해서 체중 감량에 성공하겠다는 계획, 술을 줄여 건강해지겠다는 자기와의 약속은 대부분 실패로 끝맺는다. 왜일까? 약한 의지력 때문이기도 하겠지만, 궁극적으로 자기 통제력이 부족하기 때문이다.

시간을 쪼개 영어 공부를 하려는 이유는 '미래의 능력'을 위해서다. 미래의 행복을 위해 현재의 자신을 통제한다는 뜻이다. 안락한 미래를 위해 현재의 안락함을 포기하는 것이다. 운동도 마찬가지다. 운동을 하면 당장은 몸이 힘들고 아프다. 그러나 1년 후엔 현재의 몸보다 더 건강한 몸을 갖게 된다. 운동을 하는 사람들은 '결실의 맛'을 아는 사람이다. 그 맛을 알기 때문에 현재의 편안함을 기꺼이 포기한다.

자기 통제력은 강력한 의지가 있어야만 발휘될까? 그것도 맞겠지만, 자기 통제력에 더 큰 영향을 주는 요소가 있다. 바로 '감사하는 마음'이다.

미국 심리학자 데이비드 데스테노David DeSteno가 오랫동안 설파해온 주장이다. 감사하는 마음이 자기 통제력을 높이고 성공의 가능성도 높인다는 것이다. 데스테노 교수는 피실험자들에게 물었다.

"지금 10만 원 받을래요, 1년 후 100만 원 받을래요?"

아마 대부분 1년 후에 100만 원을 받겠다고 대답할 것이다. 그런데 지금 당장 10만 원이 너무 아쉬운 상황이면 이런 선택이 마냥 쉽지는 않다. 현재의 만족을 포기해야 하기 때문이다. 1년 동안이나 만족을 지연시키려면, 그 10만 원이 필요한 만큼의 자기 통제력이 필요하다.

데스테노 교수의 연구 결과에 따르면 평소 감사함을 자주 느끼는 사람일수록 자기 통제력이 크다고 한다. 마음이 감사함으로 가득한 상태의 피실험자가 다른 사람들에 비해 높은 통제력을 발휘했다는 말이다.

이유는 어렵지 않게 유추할 수 있다. 현재 상황에 깊이 감사하는 사람은 불안하지 않다. 가슴속에 불만이 들끓지 않으니 마음을 다스리는 힘이 충분하고, 힘든 일을 참아낼 능력도 강하다. '나를 통제한다'는 건 곧 '내 마음을 다스리고 참을 줄 안다'라는 뜻이다. 이런 힘은 미래에 더 큰 결실을 얻는 중요한 자산이 된다.

영국 더럼대학교 비즈니스스쿨의 치하후에이 우Chia-huei Wu 교수도 2014년 비슷한 내용의 논문을 발표했다. 운동선수들을 대상으로 조사한 바, 감사하는 마음이 큰 선수가 그렇지 않은 선수에 비해 자존감이 높았다는 것이다. 또한 자존감은 운동 실력을 향상시키는 데에도 가장 중요한 요소라고 그는 강조했다. 결국 감사하는 마음이 자존감과 실력을 함께 높인다는 뜻이 된다.

당장 스스로 실험해보자. 감사할 일을 떠올리고 말해보는 것이다.

"현재의 재산이라도 있는 것이 행운이야."
"내 다정한 친구들이 옆에 있어줘서 정말 고마워."
"부모님이 건강하셔서 얼마나 다행인지 몰라."

어떤 식으로건 감사하다는 말을 읊조리고 나면 마음이 편해진다. 불만과 불안이 어느 정도 사라진다. 마음이 안정되고 나면 집중력이 높아지고 하던 일도 더 잘될 것이다. 감사하는 습관은 우리의 능력과 성취, 생활의 질까지 높여준다.

다른 이점도 있다. 데스테노 교수가 〈그레이터 굿 매거진*Greater Good Magazine*〉에 기고한 글에 따르면, 감사하는 마음이 다른 사람을 돕고 싶은 마음을 이끌어낸다고 한다. '친절은 전염된다'라는 말과 같은 이치다. 누군가에게 고마움을 느낀 사람들은 또 다른 사람들을 돕고 싶어 하는 마음이 생긴다.

감사하는 마음이 큰 사람들은 미래 지향적인 선택에 능하다. 이 마음에는 별다른 노력이 필요 없다. 의지력은 의식하지 않으면 갈수록 약해지지만 감사하는 마음은 오래 지속된다. 큰 힘을 들이지 않고 자기 통제력을 키울 수 있는 것이다.

아울러 이런 마음은 다른 사람과 화합하는 데도 이로운 작용을 한다. 타인과의 화합은 성공의 중요한 요소다. 감사할 줄 아는 사람은 함께 일하는 동료에게도 신명과 지구력을 전파한다. 상호간에 강력한 추진력을 얻게 된다. 따라서 성공할 확률도 높아진다.

사랑하는 사람과의 관계에서도 이 마음은 더할 나위 없이 중요하다. 연인 혹은 배우자와 다투지 않고 갈등의 스트레스를 줄이는 가장 강력한 방법이 감사하는 마음이다. 상대의 존재에 대해, 그리고 상대방이 주는 크고 작은 기쁨에 감사하는 마음이 커질수록 행복감은 더욱 높아진다.

무엇보다 감사하는 마음은 '나와 잘 지내는 연습'에 유용하다. 자신에 대한 공격적인 생각과 비난의 목소리를 잠재운다. 현재 자신의 모습, 능력 그리고 앞으로의 가능성에 감사한다는 것은 자신의 존재 자체를 고마워하는 것이다. '나와의 화해'는 그때부터 시작된다.

이런 마음은 근육처럼 훈련을 통해 키울 수 있다. 말하자면 '감사 감수성'을 키우는 훈련이다. 방법은 간단하다. 데스테노 교수는 매일매일 '감사 일기'를 쓰라고 권한다. 아주 대단한 내용일 필요가 없다. 그저 그날그날 고마운 사소한 일들을 기록하면 된다. 매일 쓰는 것이 힘들다면 일주일에 두세 번도 좋다. 친구나 동료의 작은 도움 덕분에 느낀 고마움, 기쁨 등을 빠뜨리지 않고 기록한다. 이렇게 세세하게 기억하고 기록하는 습관은 사소한 일에도 감사한 마음을 더 예민하게 느끼는 감각을 기른다.

미국 작가 숀 에이커Shawn Achor도 비슷한 조언을 했다. 그는 매일 그날그날 고마웠던 것을 세 가지 떠올려보라고 권한다. 대단한 것이 아니어도 좋다. 누가 칭찬을 해줬다거나 음료를 줬다거나 인사를 먼저 했다면 그것도 고마운 일일 수 있다. 매일 감사한 일을 세 가지 떠올리는 습관은 뇌를 변화시킨다고 한다. 고마움에 민감해져 고마운 일을 더 잘 찾게 된다. 인생에서 감사한 일이 점점 더 늘어나는 셈이다.

한편 자기에게 감사하는 것도 훈련할수록 능숙해진다. 어려운 일을 잘 완수했다면 스스로의 능력에 감사할 일이다. 일주일 동안 고생하다가 감기가 나았다면 그 또한 고마운 일이다. 기분 나쁜 일이 생겼는데 심호흡을 하고 평온을 되찾았다면 인간적으로 한 뼘 성장했다는 증거가 된다. 감사하는 습관, 당신 스스로에게 힘을 주는 가장 강력한 방법이다.

"공부하기가 너무 싫어. 의지가 약해졌나 봐. 자꾸만 놀고 싶어."

"너는 모두가 부러워할 사람이야. 직장을 관두고 다시 공부할 기회는 아무나 잡을 수 있는 게 아니잖아."

"그러게. 난 의지도 약한 데다 배까지 부른 걸까?"

"강한 의지도 물론 중요해. 그런데 안 생기는 의지를 억지로 만들어낼 수는 없잖아. 그럴 때는 감사하는 마음이 큰 힘이 된다고 하더라."

"무슨 말이야?"

"아까도 말했지만 넌 모두가 부러워할 조건을 가졌어. 정말 감사한 환경이지. 남들은 쉽게 가지지 못하는 기회를 가진 셈이야. 그 기회와 자원을 놓치기는 너무 아까워. 그렇게 생각하면 의욕이 좀 생기지 않을까?"

내 감사 감수성은
몇 점일까?

01 내 인생에는 감사할 일이 아주 많다.

02 애인의 말투나 옷차림이 많이 바뀌었으면 좋겠다.

03 좋은 친구와 가족이 있어서 행복하다.

04 난 늘 돈이 부족해서 허덕이며 살아야 했다.

05 어제 '고맙다'라는 말을 세 번 이상 했다.

06 동료나 친구의 단점이 많이 보인다.

07 내 연인(혹은 배우자)에게는 심각한 결점이 없다.

08 요즘 맛있는 음식을 먹어보지 못했다.

09 아침에 일어나면 기분이 좋다.

10 아침에 기분 좋게 일어난 기억이 별로 없다.

11 고마운 사람을 다섯 명 이상 말할 수 있다.

12 사람들은 나에게 고마워할 줄을 모른다.

당신은 당신 인생에 얼마나 감사하는가? 사소한 일에도 기뻐하고 고마워하는 능력이 있는가? 돈을 잘 버는 능력, 다정한 애인을 만나는 행운보다 더 확실한 행복의 조건은 사사로운 일에도 깊이 감사할 줄 아는 감수성이다. 다음 문장들을 보고 공감 가는 말에 체크해보자.

＊홀수는 감사하는 마음이 큰 사람의 마음을 대변한다. 짝수 항목은 감사보다는 불만이 많은 사람의 마음이다. 감사하는 마음이 적은 사람들은 가족이나 친구 그리고 애인의 단점을 잘 본다. 고마워하기보다 부족함에 더 집중하고 불만을 품고 있다는 증거다.

자신의 삶에 감사하지 않으면 아침에 일어나기가 싫다. 돈도 언제나 부족하다고 느낀다. 당연히 받아야 할 감사한 마음을 받지 못한다고 느낀다. 이런 마음으로는 행복을 맞이할 리가 없다. 유쾌하고 능동적인 마음으로 일에 집중할 수가 없다. 당신의 하루를 고마움으로 채울 것인가, 불만으로 채울 것인가? 선택은 당신 손에 달렸다.

04

무거운 과거의
나를 놓아주는 말

나에게는 나쁜 추억과 상처를 극복할 힘이 있다

나는 30대 중반 남자다. 경제적으로 여유로운 편이고 친구
도 많다. 여자들 사이에서도 인기가 없는 편은 아니다. 그렇
지만 나는 결혼 생각이 없다. 아무도 모르는 결함이 있기 때
문이다. 나는 어릴 때부터 정서적으로도 육체적으로도 학대
를 심하게 당했다. 야단을 숱하게 들었고 자주 매를 맞았다.
상처 많은 사람이 부모가 되면 자녀에게 똑같은 상처를 대물
림한다고 한다. 나는 내 아이에게 고통을 물려주고 싶지 않
다. 좋은 부모가 될 자질을 갖추지 못했다. 이게 내가 결혼하
지 않으려는 이유다.

실제로 이런 비슷한 고백을 하는 유명인을 TV에서 본 적 있
다. 보통 사람들 중에서도 이와 비슷한 생각을 하는 이가 많다.
사회적 통념이 이런 생각을 뒷받침한다. '학대는 대물림된다'라
는 통설이다. 부모에게 학대당했거나 체벌을 심하게 받은 기억
은 누구에게든 상처를 주는데, 그런 사람이 부모가 되면 받은 만
큼의 상처를 준다는 이야기다. 다음 사례가 그런 경우다.

열 살 짜리 딸이 상습적으로 거짓말을 한다. 이미 여러 번 들켰다. 아이를 때려서라도 이 버릇을 고쳐야겠다고 결심하고 종아리를 때렸다. 그 순간 어린 시절의 기억이 되살아났다. 어린 시절 부모님에게 회초리를 심하게 맞은 기억이다.

사춘기 아들 때문에 날마다 스트레스에 시달리다 폭발했다. 화가 머리끝까지 나서 아들에게 소리쳤다. "정말 넌 도저히 감당이 안 된다. 낳지를 말았어야 했어."
말을 뱉자마자 깜짝 놀랐다. 이건 중학교 때 엄마가 내게 했던 말이다.

새로울 것 없는 이야기다. '맞고 자란 아이가 부모가 되면 아이를 때린다'라는 생각은 마치 진리처럼 통용된다. 국내외 많은 심리 전문가가 그렇게 말한다. 어린 시절 상처받은 사람들은 이런 말들을 근거로 자신을 혐오하게 된다. 그리고 확신한다. 학대를 받고 자란 자신은 영혼이 망가졌고 결국 자녀의 영혼에도 상처를 줄 거라고.

이런 자기혐오가 정당한 것일까? 근본적으로 이 혐오의 근거가 된 '폭력의 대물림' 논리는 사실일까? 아니다. 엉터리일 가능성이 높다.

매 맞은 아이가 매를 드는 아빠가 된다?

미국 테네시대학교 심리학 교수 데이비드 알렌David Allen이 〈사이콜로지 투데이Psychology Today〉에서 제시한 주장을 요약하면 이렇다.

1____ 학대당한 아이들 중 대다수는 자신의 자녀를 학대하지 않는다.

2____ 일부는 자신도 아이들을 학대할까 두려워 자녀를 갖지 않는다.

3____ 아이를 과잉보호하는 이들도 있다. 자신이 방치되어 자랐기 때문에 반작용으로 아이를 무조건 보호하려는 것이다.

4____ 전반적으로 학대당하며 성장한 이들 중 다수는 모범적인 부모가 된다.

어린 시절 학대를 당한 사람은 보통 사람들보다 학대 이슈에 훨씬 비판적이라는 게 알렌 교수의 지적이다. 학대를 당함으로써 자녀를 때리고 괴롭히는 행위가 얼마나 나쁜지, 얼마나 치명적인 상처를 남기는지 피부로 깨달았기에, 그 기억이 스스로를 제어하는 힘이 된다는 뜻이다.

미국 심리학자 캐시 위덤Cathy Widom이 2015년 과학 전문 주

간지 〈사이언스Science〉에 발표한 논문도 같은 맥락에서 자주 인용된다. 그가 30년에 걸쳐 연구한 바에 따르면, 육체적 학대를 당한 경험이 있는 사람의 대다수는 자녀에게 폭력을 행사하지 않았다. 결국 '폭력의 대물림' 이론은 거짓이고 편견이라는 말이다.

학대당하며 상처받고 자란 아이도 얼마든지 좋은 부모가 될 수 있다. 이 연구 결과에서 우리는 희망적인 교훈 하나를 얻을 수 있다. 사람은 깊은 상처를 이길 힘이 있는 강한 존재라는 사실이다. 당신은 당신이 생각하는 것보다 강하다. 어린 시절의 경험이 당신의 미래를 구속할 수 없다. 나쁜 기억에 갇혀 포로로 지낼 필요가 없다.

인간은 나쁜 경험에 구속되지 않는다

나쁜 경험과 나쁜 경험의 상처에서 벗어나려는 의지를 갖고 있으면, 그것을 실현할 놀라운 힘이 생긴다.

생각해보면 당연하다. 인간은 지능이 높다. 인간이 보고 경험한 것을 단순 반복하는 저지능 생명체라면, 개인의 성장은 물론 역사의 발전도 불가능했을 것이다. 사람은 지능을 활용해 보고 배운 것을 뛰어넘는다. 경험의 굴레에서 벗어나 한 차원 높아질 수 있다.

인간은 프로그래밍된 기계 장치가 아니다. 컴퓨터, 앱, 로봇 등은 설계된 프로그램을 그대로 따른다. 입력된 명령을 무한 반복하며 수행한다. 반면 인간은 교사나 부모의 명령을 그대로 따르지 않는다. 자신의 판단에 의해 움직이고, 교육과 경험을 통해 배운 지식을 넘어설 능력이 있다.

다시 부모의 자격에 대한 이야기로 돌아가보자. 우리 모두 완벽한 부모가 되기에는 부족하다. 모두가 이런저런 단점을 가지고 있다. 겁이 많거나 성격이 급하거나 마음이 불안정하거나 분노를 통제하지 못하는 등 누구나 기질적인 문제를 갖고 있다. 그렇다고 그것이 부모가 되는 일을 포기해야 할 이유가 될 수는 없다. 자신의 능력을 긍정하고 노력하는 한, 얼마든지 자녀를 행복하게 해주는 부모로 성장할 수 있다.

도입부에서 결혼 포기 선언을 한 남자는 결정적으로 어리석은 선택을 했다. 불행한 어린 시절 경험만을 단서로 자신이 나쁜 부모가 될 거라 지레 겁먹고 단정했다. 학대에 대한 반감이 깊으므로 그는 평균 이상으로 다정다감한 아빠가 될 수도 있을 것이다. 그런데 이 남자는 자신에게 '아픈 과거에 구속되지 않을 힘'이 있다는 사실을 알지 못한다.

중요한 건 지금의 자신을 믿는 것이다. 비록 아픈 기억과 남들에게 말 못할 상처를 품고 있더라도, 그걸 극복할 힘이 자신에게 있음을 긍정한다면 문제 될 건 아무것도 없다.

상처받은 자존감을 안고 산다는 것

나는 어린 시절 마음의 상처를 많이 받았다. 깊은 자기혐오로 자살을 시도한 적이 있으며 갖은 약물에 의존해 삶을 견뎠다. 성인이 되고 나니 사람들은 이런 내게 '당당한 이미지'라는 얘기를 많이 한다. 자기 주관이 강하고, 확신에 차 있으며, 마음이 단단하다 평가한다. 하지만 그건 사실이 아니다. 나는 지금도 매 순간 낮은 자존감 때문에 힘들어한다.

미국 영화배우 안젤리나 졸리의 이야기다. 한 잡지에서 그녀를 '엄마와 여자로서 아주 확신에 찬 모습'이라고 평했을 때, 그녀는 이렇게 말했다.

"나는 낮은 자존감 때문에 매 순간 힘들어요. 아마 모든 사람이 그럴 거라 생각해요. 내게는 잘못된 게 아주 많죠. 외모도 이상해요. 머펫muppet처럼 생겼다고 생각할 때도 가끔 있어요."

자존감이란 자신의 가치에 대해 스스로 내리는 판단이다. 자기 가치를 매기는 점수라고 할 수도 있겠다. 당신이 얼마나 소중한 사람인지 점수로 한번 매겨보라. 100점 만점에 몇 점을 줄 수 있는가?

여러 매체에서 '자존감'이라는 개념이 큰 화두가 되고 있다. 대체로 낮은 자존감이 문제시된다. 자신이 소중하지 않은 존재라 여기면 삶이 고통스러울 수밖에 없다. 이런 경우, 빼어난 외모와 막대한 부, 높은 인기를 얻으면 자존감이 높아지지 않을까, 막연히 상상한다. 과연 그럴까?

이 모든 걸 거머쥔 영화배우 안젤리나 졸리의 고백이 대답이 되어준다. 외모며 내면이며 모두 완전무결할 것 같은 그녀조차 자존감이 낮아 괴롭다고 한다. 특히 어린이 프로그램 〈세서미 스트리트Sesame Street〉에 나오는 머펫처럼 자기가 못나 보일 때도 있다고 고백한 것이 눈길을 끈다. 외양이 아무리 화려해도 마음은 이처럼 어둡고 슬플 수 있다.

낮은 자존감의 증상으로는 어떤 것들이 있을까? 일부만 소개하면 이런 생각들일 수 있다.

'내 판단은 매번 틀린다. 또 사람들이 수군거릴 게 분명하다.'
'때때로 내가 가치 없는 사람 같아 힘이 빠진다. 직장을 잃어도, 연인에게 버림받아도 이상하지 않은 일이다.'

'나는 심각한 결정 장애자다. 큰 결정은커녕 식당에서 메뉴를 고르는 것조차 어렵다.'

'작은 실수를 해도 너무 부끄럽다. 그 순간 모두 집어치우고 아무도 없는 곳으로 도망가고 싶다.'

'불만을 표현하는 것이 서툴다. 내 판단과 의견이 과연 옳은 지 자신이 없기 때문이다.'

'포기하고 양보하면 마음이 편하다. 그게 뭐든 다른 사람이 나보다 더 능숙하게 해낼 것이다.'

'남이 나에게 한 말을 자주 떠올린다. 도대체 무슨 뜻으로, 어떤 의도로 그런 말을 했는지 생각하다 보면 괴롭다.'

'좋아하는 이성에게 고백한다는 건 상상도 할 수 없는 일이다. 내 주제에 무슨 연애를 하나 싶다.'

'누군가 나에 대해 칭찬하면 쑥스럽지만 무척 행복하다. 그래서 다시 같은 칭찬을 듣기 위해 기를 쓰고 노력한다.'

이 모든 생각에는 '나는 가치 없다'라는 믿음이 깔려 있다. 자존감이 낮은 사람들은 기본적으로 자신의 가치를 낮게 여긴다. 자신의 판단과 선택을 무가치하다 여긴다. 그래서 스스로 판단하고 선택하기를 두려워한다. 상황에 떠밀려 무언가를 결정하고 나면 곧바로 걱정이 뒤따른다. 바보 같은 결정을 내렸을까 봐, 그래서 자신의 무가치함을 사람들에게 들키게 될까 봐 전전긍긍한다.

정도의 차이가 있을 뿐, 이런 마음은 누구에게나 있다. 안젤리나 졸리의 말처럼 누구나 자신의 자존감이 낮다고 생각할지 모른다. 빼어난 외모를 지닌 사람, 막대한 재산을 쌓은 사람, 사회적으로 존경받는 정신적 지도자도 예외일 수 없다.

대부분의 사람은 자존감이 낮다

대부분의 사람이 낮은 자존감 때문에 고통받는다는 사실은 통계로도 확인됐다. 미국 심리학자 조셉 루비노Joseph Rubino 박사는 자신의 저서에서 "85퍼센트의 사람이 낮은 자존감으로 고통받는다"라고 주장했다.

2016년에는 호주 여성 중 79퍼센트가 자존감이 낮다는 통계가 나왔고 2017년에는 영국의 10대 소녀 중 61퍼센트가 낮은 자존감을 갖고 있다는 조사 결과도 나왔다.

그뿐 아니라 전 세계 심리학자나 심리치료사들은 지위고하를 막론하고 아무리 사회적으로 성공을 거두었다고 해도 다수의 사람들이 낮은 자존감 때문에 어려움을 겪는다고 증언한다.

유명하고 돈 많고 외모가 뛰어난 사람도 자존감이 낮다는 말은 어떤 면에서는 반가운 소리다. 적어도 '나만 그런 고민을 하는 게 아니다'라는 안도감을 느낄 수 있으니 말이다. 나아가 낮은 자존감이 심각한 결핍이 아니라는 결론이 나온다.

많은 사람이 자존감을 끌어올려야 한다는 강박에 시달린다. 그래서 '자존감이 낮다'라는 평가에 예민하다.

그들은 호소한다. "친구들이 나더러 자존감이 낮대. 낮은 자존감은 인생을 망칠 거야. 사랑도 제대로 못할걸."

사회적으로 큰 성공을 거둔 사람들 중 상당수도 자존감이 낮다고 생각하면 굳이 자존감이 낮다고 해서 걱정을 사서 할 필요가 없다. 낮은 자존감이 사회적 성공이나 행복, 일상생활에 결정적인 장애가 되지는 않는다.

그렇다면 높은 자존감은 무조건 좋은 걸까? 미국 심리학자 마이클 커니스Michael Kernis는 2008년 높은 자존감 중 '깨지기 쉬운 자존감'이 있다는 연구 결과를 발표해 주목받았다. 깨지기 쉬운 자존감, 그것은 눈부시게 아름답고 반짝거리지만 작은 충격에도 산산조각 나는 유리 공예품과 비슷하다. 깨지기 쉬운 자존감으로 충만한 사람은 누군가로부터 자신의 가치를 의심받는 것 같으면 과잉 반응한다. 자신이 얼마나 가치 있는 존재인지 과장되게 설명한다.

가령 "취직 준비 잘돼?"라는 단순한 질문에 이렇게 답한다.

"여기저기서 나를 원하지만 그중 가장 좋은 곳을 찾고 있어. 알잖아, 난 좋은 대학을 나왔고 유학도 다녀왔어. 완벽한 조건이지. 혹시 마음에 드는 회사가 안 나와도 괜찮아. 창업하면 되지, 뭐. 부모님이 아무 걱정 하지 말래."

과도한 자기 긍정을 가진 사람은 이런 식으로 자신을 부풀려 말하지 않으면 불안하다. 자신의 능력과 삶의 태도에 대한 자부심을 드러내려는 욕망이 과하다. 필요하면 부모의 부를 과시하고 싶어 한다. 이런 자존감은 차라리 없는 것이 낫다고 마이클 커니스는 말한다.

높은 자존감이 문제가 되는 또 다른 유형이 있다. 흔히 말하는 나르시시즘, 즉 자아도취에 심각하게 빠진 경우다. 자신에게 한껏 도취된 사람들은 남이 뭐라고 하든 자신이 어느 누구보다 우월하고 완전에 가까운 존재라 믿는다. 그 증거를 머릿속에서 계속 만들어낸다. 사실은 심리적으로 아픈 사람들이다. 자신이 누구보다 매력적이고 인기도 많다는 걸 증명하기 위해 끊임없이 안간힘을 써야 한다. 삶이 피곤해진다.

자존감 높은 사람이 업무 능력은 오히려 떨어진다는 분석도 있다. 《인사이트 _Insight_》 저자이자 심리학자인 타샤 유리치Tasha Eurich는 "소위 자존감 높은 사람이 일의 성취도가 낮다는 연구 결과가 많다"라고 전한다. 그들은 상사나 동료의 인정을 그다지 필요로 하지 않는다. 자기 확신이 넘치는 나머지 남을 만족시키거나 자신의 가치를 증명할 이유 자체를 못 느낀다. 이런 경향은 일을 안일하게 대하는 태도로 연결된다.

낮은 자존감은 치명적인 질환이 아니다

결론은 간단하다. 자존감이 낮은 사람은 정말 많고, 자존감이 좀 낮다고 해서 그것이 인생의 질을 결정하는 치명적인 요소가 되지는 않는다.

우리는 상처받은 자존감을 품고 살아야 한다. 자존감을 높이고 자신을 더 존중하는 방법을 익히는 것도 의미 있는 일이다. 그러나 자존감이 낮다고 좌절할 일은 아니다. 주변을 둘러보자. 낮은 자존감으로 사는 사람들이 마냥 불행해 보이는가? 그들에게 빛나는 부분은 없는가? 병에 비유하자면 낮은 자존감은 생명에 큰 지장을 주는 병이 아니라 만성 비염 같은 것이다. 만성적인 성질이라 뚝딱 고치기는 힘들지만, 불편해도 익숙해서 견딜 만한 수준이다. 몇 가지 마술 같은 비법으로 자존감을 단박에 끌어올릴 수 있다 기대하는 건 착각이다.

미국의 한 질의응답 사이트 '쿠오라닷컴quora.com'에서 자존감에 대한 질문이 올라와 전문가들 간의 논쟁이 벌어졌다. 그중 심리학자 스티브 디베리Steve DeBerry가 흥미로운 주장을 했다. "자존감이라는 개념이 오용되고 있다"라는 주장이었다. 복잡한 심리적 문제를 마치 한 번에 치유하고 극복할 수 있는 것처럼 사람들을 현혹할 때 활용되는 개념이 바로 '자존감'이라는 지적이다.

그의 재미있는 비유를 빌려 요약하면 이렇다.

자동차 연료 탱크의 게이지가 낮으면 말한다. "기름을 가득 채우세요."

이벤트 풍선이 가라앉으면 말한다. "헬륨 가스를 넣으세요."

이처럼 자존감도 연료나 헬륨 가스처럼 쉽게 채우고 그로써 모든 문제가 해결될 것처럼 세상은 속삭인다. 자존감은 주유소에서 기름 넣듯 간단히 채워지는 것이 아니다.

낮은 자존감이 열등한 존재를 뜻하는 게 아니다. 자존감이 인생의 질을 결정한다는 믿음도 착각이다. 자존감이 낮아도 행복할 수 있다.

자존감이 반드시 높아야 하는 것은 아니지만, 자기 가치를 지나치게 낮게 평가하는 것은 문제다. 남의 칭찬을 들어야 마음이 편해지고 자신감도 생긴다면 자기를 믿지 못한다는 뜻이다. 연인에게 '정말 나를 사랑하느냐' 계속해서 묻는 행동도 '내가 사랑받을 자격이 있는가' 의심하는 마음에서 나온다. 평소 남몰래 자기를 심하게 비판해온 사람은 타인의 가벼운 말을 쉽게 공격이나 모욕으로 받아들인다.

단점이 있다 해도 그것이 자신을 불신할 이유는 될 수 없다. 타인의 비판 앞에 마음이 상하는 것은 당연하나, 그것을 '모욕'이 아닌 '의견'으로 받아들이고 건강하게 변호하려면 자신의 가치를 믿는 마음이 무엇보다 필요하다.

"나는 제대로 된 사랑을 할 수 없을 것 같아."

"왜?"

"자존감이 낮으니까. 나는 나를 소중히 여기는 것 같지 않아. 나조차 나를 소중하게 여기지 않는데 누가 나를 사랑해주겠어."

"자존감을 완전히 치유해야 사랑할 자격이 있다면 인류는 사라질 거야."

"무슨 소리야?"

"완성된 자존감이 있어야 사랑하고 결혼하고 아이를 낳을 수 있다면 결혼할 수 있는 사람이 누가 있겠어. 누구나 불완전한 자존감을 안고 살아. 불완전한 모습으로 불완전한 사랑을 하는 게 지극히 정상이야."

"그래도 자존감이 낮으면 연애에도 문제가 생긴다잖아."

"물론 그렇겠지. 그런데 아무 문제 없는 관계가 과연 있을까? 아무리 자존감이 낮아도 누구나 자기 문제를 조금씩 해결해나갈 힘이 있어. 관계를 지속하면서 서로 부딪치는 문제를 차츰 고쳐나가면 된다고 생각해."

나의 자존감 지수는?

	전혀 아니다	그런 편이다	항상 그렇다
나는 내가 싫다.			
내가 잘할 수 있는 일은 없다.			
나를 필요로 하는 회사는 없을 것이다.			
식사 메뉴는 남의 의견을 따르는 게 편하다.			
화가 나면 꾹꾹 눌러 참다가 나중에 폭발한다.			
누가 나를 비판하면 마음이 크게 동요한다.			
내 잘못을 지적했던 사람이 누구인지, 또 무슨 말을 했는지 정확히 기억한다.			
내가 사라지는 것이 가족들에게 좋을 것이다.			
연인에게 나를 사랑하느냐고 매일 묻는다.			
미움을 살까 봐 논쟁을 피한다.			

당신은 당신 자신을 얼마나 소중하게 여기는가? 자존감 수준을 측정하는 방법은 수백 가지에 이른다. 그중 흥미롭고 간단한 테스트 문항을 소개한다. 깊이 생각하지 말고 직관적으로 답을 체크해보라. 체크 표시가 '항상 그렇다'에 과하게 몰려 있다면, 자기를 믿고 아끼는 연습에 좀 더 힘쓸 필요가 있다.

	전혀 아니다	그런 편이다	항상 그렇다
사람들이 나를 유심히 관찰하고 비판할 것 같다.			
나는 장점보다 단점이 많다.			
중요한 일을 무작정 미룰 때가 많다.			
잠자리에 누우면 후회되는 일들이 자꾸 떠오른다.			
어릴 때 저질렀던 잘못들을 생생히 기억한다.			
나를 싫어하는 사람이 많다.			
바보처럼 보이는 건 못 견디게 싫다.			
과거의 기억 때문에 화가 치밀 때가 많다.			
남의 칭찬을 듣지 않으면 불안하다.			
항상 걱정거리가 있다.			

남의 기분을 책임질 의무 따위는 없다

나는 남을 기분 좋게 만드는 사람이라는 평을 종종 듣는다. 언제나 내 욕심보다 친구나 동료의 바람을 우선으로 여긴다. 다른 사람의 마음을 잘 살피고 배려하려고 애쓰고, 사람들의 생일을 기억했다가 잊지 않고 기프트콘이나 메시지를 보낸다. 다른 사람을 기쁘게 할 때 나는 정말 행복하다. 반대로 누군가를 즐겁게 만드는 데 실패하면 금세 우울해진다. 그런 날에 혼자 있으면 패잔병이나 죄인이 된 듯 마음이 어둡고 불안하다.

남을 기쁘게 하는 것은 좋은 일일까? 주변의 친구나 동료를 즐겁게 만들기 위해 노력하는 사람은 좋은 사람일까? 당연히 좋은 일이고 좋은 사람이다. 하지만 과하면 곤란하다. 타인의 기쁨을 지나치게 중요시하는 태도는 불행을 부른다.

남을 기쁘게 해야만 안심되고 기분이 좋아지는 사람은 어린 시절 불안한 마음이 컸을 가능성이 높다. 안정적인 사랑을 못 받은 탓이다. 가령 감정 기복이 심한 부모를 둔 아이는 부모가 언제든 자신을 싫어할 수 있다는 불안감에 매 순간 부모를 기쁘게 하려고 애쓴다. 엄마의 웃는 얼굴을 보고 싶어 애교를 부리고, 부모의 지시가 마음에 들지 않아도 묵묵히 순종한다.

우리 사회 어른들은 특히 아이들에게 "말 잘 들어라"라고 버릇처럼 강요한다. 왜 그래야 하는지에 대한 논리는 없다. 아이는 아이대로 욕망과 생각이 있으니 어른의 기대와 달리 행동할 수 있다. 더구나 어른이라고 다 맞는 말만 하는 것도 아니다. 그럼에도 자신들의 기대와 달리 행동하면 '나쁜 아이'라 규정짓는다. 아이들은 자연스럽게 믿는다. 부모의 지시를 따르지 않으면 부모가 기뻐하지 않고 따라서 자신을 사랑해주지 않을 거라고. 자연히 아이는 부모의 말에 따름으로써 사랑을 얻으려고 한다. '어른의 말은 옳고 자신의 생각은 틀렸다'라고 최면을 걸어야 버틸 수 있는 상황에 놓인다.

"어른 말씀 잘 들어라"라는 말은 이렇게 해석된다.

'조건 없이 순종해라.'
'네 생각은 중요하지 않다.'

부모를 기쁘게 하는 걸 행복으로 알던 아이는 커서는 다른 상대를 찾는다. 친구, 교사, 직장 동료 등을 기분 좋게 하면서 행복을 추구한다. 타인의 기쁨을 자신의 의무로 생각하게 되는 것이다. 그것을 의무로 규정하는 순간, 남을 기쁘게 하지 못하면 죄책감을 느끼는 회로에 갇히게 된다.

'No'라고 말 못하면 관계에서 '나'가 사라진다

타인의 기쁨을 절대시하면 많은 희생이 따른다. 일단 'No'라는 말이 단어 사전에서 지워진다. 거절은 상대를 기분 상하게 하는 일이라고 생각하기 때문이다. 화를 내거나 실망해서 자신을 영영 떠나버릴지도 모른다고 인식한다. 두려운 일이다. 그래서 'No'라고 말하는 대신 빠르게 찬성하는 쪽을 택한다. 타인을 기분 좋게 해야 한다는 강박이 있는 사람들에게 'Yes'라고 말하는 것은 반사적인 행동이다. 그 반대는 너무나 위험한 말이다.

이런 사람들은 자기 생각과 욕구를 억압하는 데 익숙하다. 자신의 바람을 드러내지 않고 판단도 감정도 깊숙이 숨긴다. 건강한 관계라면 각자의 생각과 기분, 원하는 바를 표현한 후 절충하는 과정을 거쳐야 하건만, 이것들을 표현하는 것 자체를 두려워하는 사람이 적지 않다. 그들의 마음은 감정 기복이 큰 부모와 사는 어린아이를 닮았다. 눈치 보고 순종함으로써 타인을 만족시키려고 노력한다. 종종 자기 의견을 쉽게 꺼내지 못하는 것이 답답하지만, 사랑받으려면 어쩔 수 없다 여긴다.

타인의 기쁨을 최우선으로 생각하면 결국 자신이 지워지는 셈이다. 자기 존재가 희미해지는 것은 누구에게든 괴로운 일이다. 그럼에도 이런 강박을 버릴 수 없는 것은 부모의 보살핌을 갈구하는 어린아이의 생존 전략과 같다. 그러나 성인이 된 이상 이 전략은 필요가 없다. 타인의 마음은 우리의 책임이 아니며, 또 우리가 타인의 마음을 통제할 수는 없다.

남의 기쁨을 우선시하는 사람은 무의식적으로 누군가의 감정이 자기 책임이라 생각한다. 그래서 누군가가 슬퍼하거나 화가 나 있으면 곧바로 기분 좋게 만들어줘야겠다는 의무감을 느낀다. 최선을 다해 비위를 맞추거나 농담을 하거나 다독거린다. 당장 자신이 피곤하고 힘들어도 그건 두 번째 문제가 된다.

개인의 감정은 개인의 책임이다. 슬프든, 화가 나든, 외롭든, 엄밀히 말해 그 모든 감정은 셀프로 처리할 문제다. 타인의 마음을 거들떠도 보지 말라는 말이 아니다. 연인이 힘들어하면 마음을 풀어주기 위해 위로하고 다독여주는 게 맞다. 친구와 가족도 마찬가지다. 다만 어디까지나 최종 책임은 당사자에게 있다는 것을 인지하라는 것이다. 위로하고 북돋아줬는데도 그 사람의 마음이 풀리지 않았다고 해서 상처받거나 실패했다는 죄책감에 휩싸일 일이 아니라는 말이다.

우리 자신의 기분 역시 마찬가지다. 타인이 명백한 실례나 도발을 했더라도, 자기 감정의 주인이 자기라는 인식이 있지 않으면 그로 인한 감정 소모의 모든 탓을 타인에게 돌리게 된다. 이래서는 어른스러운 해결이 불가능하다. 우리 감정의 최종 책임자는 우리 자신이며, 타인의 감정 역시 마찬가지여서 우리가 책임질 의무가 없다.

우리는 남의 마음을 움직이는 초능력자가 아니다

타인의 기쁨을 갈망하는 사람들이 가진 두 번째 착각은, 사람의 마음을 통제할 수 있다고 믿는 것이다. 물론 우리는 주위 사람에게 힘을 줄 수 있다. 지친 친구를 응원하고, 실수한 동료를 위로하고 북돋아줄 수 있다. 좋은 관계를 만들고 유지하는 방법이다. 하지만 어떤 선의의 행동도 상대방의 마음을 움직이는 데는 명백한 한계가 있다. 슬퍼하는 친구에게 용기를 준다고 해서 그 친구의 마음이 금방 회복된다는 보장이 없다. 상심에 빠진 동료를 위로해준다 해서 동료가 순식간에 괴로움을 털고 일어날 수도 없다. 자식의 마음도 부모가 어찌하지 못하는데 하물며 완전한 타인의 마음을 어떻게 일일이 헤아리고 움직일 수 있겠는가. 타인의 마음에 관한 한 우리는 너무나 무능력한 존재다. 마음은 통제하고 조종할 수 있는 영역이 아니기 때문이다.

개인의 마음은 어디까지나 당사자의 책임이고 또 통제할 수도 없다면 우리는 무얼 할 수 있을까? 먼저 정해진 규칙을 지키면 된다. 예절과 에티켓에 충실하고 임무에 성실한 태도를 취하면 된다. 행동이나 말을 신중하고 바르게 하는 것으로 충분하다. 자기 규칙에 떳떳하게 행동하면 다른 사람이 불쾌해할까 일일이 살피고 눈치 볼 이유가 전혀 없다.

다음으로 자기 자신의 마음에 충실해야 한다. 싫은 것을 싫다고 말한다고 해서 땅이 무너지지 않는다. 상대가 불쾌할 거라 지레 겁먹지 말고 자신의 주장과 감정을 충실히 표현하는 연습이 필요하다. 설사 그 행동으로 누군가가 기분 나빠하거나 당신을 미워하더라도 그것은 당신 책임이 아니다. 결과를 미리 두려워하고 감추는 데만 급급하면, 완전한 소통은 영원히 불가능하다.

"주말에 영화 볼까?"

"좋지."

"네가 예매 좀 해줄래?"

"물론이지."

"돈도 네가 내줄 수 있어?"

"그럴게."

"장난이야. 왜 전부 좋다고만 해?"

"아, 네가 싫어할까 봐."

"걱정 마. 이런 말에 싫다고 한다고 널 싫어할 사람은 없을걸. 넌 좋은 사람이잖아."

"아는데, 그래도 싫다고 말하기가 겁나."

"이해해. 나도 예전엔 그랬거든. 그런데 고치고 나니까 훨씬 편해지더라. 일부러 연습하려고 해 봐. '미안하지만 그건 곤란해'라고 말하면 다들 이해해. '나도 해주고 싶지만 사정이 안 되겠는데 어쩌지?'라고 해도 마음은 충분히 전달돼. 가끔은 시원하게 거절해. 그게 너를 지키고 보살피는 방법이야."

용서는 치유의 완성이다

나는 세상 사람 모두가 손가락질하는 중범죄자다. 아동 유괴
살인범이라는 누명을 쓰고 감옥에서 13년을 보냈다. 진짜 범
인은 따로 있다. 백 선생이다. 내 인생의 목표는 백 선생에게
복수하는 것이 됐다. 그리고 마침내 이뤘다. 그에게 희생된
아이들의 가족들도 불러 복수의 기회를 선물했다. 결국 그는
땅에 묻혔다. 13년간 꿈꿔온 복수였다.

영화 〈친절한 금자씨〉 주인공 이야기다.

한동안 영화계에서 '복수'라는 소재가 많이 이용됐다. 대부
분 짜릿한 카타르시스를 자아내는 스릴러물들이었다. 이런 주
제가 많이 다뤄지고 또 많이 팔리고 있다는 건 그만큼 많은 사
람의 욕망에 '복수심'이 들끓고 있다는 반증일 것이다.

'저 사람이 나를 괴롭힌다', '저 사람이 나한테 해를 가하려고
한다'라는 생각을 누구나 한 번쯤 해봤을 것이다. 그가 자신의
명예를 훼손하고 모욕하고 기회를 박탈하려 한다는 생각이다.
그러한 믿음은 '똑같이 앙갚음해주고 싶다'라는 욕망으로 연

결된다. 대부분은 상상이나 생각만 할 뿐 실천하지는 않는다. 저 영화 속 인물처럼 실천한다면, 과연 행복해질 수 있을까?

복수에 성공하는 영화 속 이야기를 보면 짜릿한 쾌감이 느껴진다. 자신에게 해악을 끼친 누군가에게 처절하게 응징하면 과거의 족쇄로부터 해방될 수 있을 것 같다는 막연한 느낌도 든다. 복수의 동기가 완전한 행복이라면, 과연 그 복수는 의미가 있을까?

복수는 더 큰 불행을 낳는다

미국 심리학자 다니엘 길버트Daniel Gilbert가 사람들의 복수심에 관한 흥미로운 논문을 발표했다. '복수의 역설적인 결과들The Paradoxical Consequences of Revenge'이라는 제목의 논문이었다. '복수를 행하면 논리적으로 설명할 수 없는 모순적 결과가 생긴다'라는 메시지가 담긴 제목이다.

논문에 따르면 복수를 행하고 난 뒤 사람은 과거로부터 해방되기보다 오히려 그 대상을 더 자주, 더 오래 떠올리게 된다. 누군가 당신을 험담해서 똑같이 복수했다고 가정해보자. 그 순간에는 통쾌할지 모른다. 즐거운 일이니 뇌는 자꾸만 그 기억을 떠올린다. 기억은 무한 반복되고, 험담했던 그의 모습도 자연히 더 자주 떠오르게 된다. 한순간 통쾌하기 위해 했던 행동이, 당신을 불쾌하게 했던 사람을 더 강하게 기억할 계기가 되는 것이다. 과연 이것이 행복에 도움 되는 일일까?

게다가 악한 행동을 악한 행동으로 응징했을 때 남는 것은 자신 또한 악한 사람이 되었다는 죄책감뿐이다. 〈친절한 금자씨〉 속 주인공이, 오랫동안 증오했던 백 선생과 같은 살인자가 된 것처럼 말이다.

간단히 말해 복수를 하면 우리에게 상처 준 그 사람을 더 많이 추억하게 된다. 불쾌한 기억에서 벗어나지 못할 이유만 하나 더할 뿐이다. 복수는 역설적이게도 더 큰 고통을 낳는다.

복수하고 싶다는 생각을 포기하는 순간, 머릿속은 그 사람에 대한 생각에서 조금 벗어난다. 과거에 계속 붙들려 있지 않고 앞으로 나아갈 수 있는 것이다. 집착을 버림으로써 얻는 뜻밖의 보상이다.

범죄는 당연히 법적으로 응징해야 할 일이다. 그러나 일상에서 느끼는 자잘한 복수심은 다른 문제다. 법적 처벌 대상이 되기 애매한 모욕이나 횡포가 때때로 우리를 더 많이, 더 자주 괴롭히기 때문에, 어쩔 수 없이 보복 심리에 사로잡힌다. 그렇다 해도 행복해지기 위해서는 잊어버리는 연습이 필요하다.

> "화를 품는 것은 누군가에게 던지려고 뜨거운 석탄을 손에 쥐는 것과 같다. 화상을 입는 자는 바로 자기 자신이다."

서양에서 흔히 인용되는 부처의 말씀이다. 복수심을 품고 있으면 자기만 아프다. 게다가 복수에 성공한다 해서 행복해진다는 보장도 없다. 우리를 행복하게 하는 길은 단 하나, 용서다. 이를 악물지도, 주먹을 꽉 쥐지도 말자. 당신에게 해를 끼쳤다 생각되는 사람과 사건과 운명을 용서하는 것, 그것이 당신을 고통으로부터 해방시키는 유일한 길이다.

증오와 용서 사이에서의 선택

미국인 그레고리 브라이트Gregory Bright는 용서의 아이콘이다. 뉴올리언즈 출신인 그는 1974년 살인 혐의로 체포되었다. 겨우 스무 살이었다. 그는 목이 터져라 무죄를 주장했지만 종신형을 선고받았고, 27년 넘게 감옥에 갇혀 지내다 마침내 무죄가 밝혀져 풀려났다.

아무런 죄도 없이 30년 가까이 감옥에 갇혀 살아야 했던 심정이 어땠을까? 증오와 분노, 복수심으로 들끓지 않았을까? 처음엔 견딜 수 없는 분노를 느꼈지만, 그는 나중에 모든 것을 용서했다. 자신에게 누명을 씌운 사람들과 세상과 운명을 용서했다.

"용서는 고통이 가장 깊고 클 때 시작되었다"라고 훗날 그는 회고했다.

한 잡지 인터뷰에서 그는 가장 힘든 순간에 어떤 위로가 머릿속에 떠올랐다고 말했다.

이 고통을 극복하기 위해 싸워라. 집중력을 되찾아라. 결단을 내려야 한다. 가슴속에 증오를 품고 평생을 보낼 수도 있다. 하지만 누군가를 용서하기만 한다면 증오를 끝낼 수도 있다. 선택은 너의 것이다.

그는 아마 자신의 어머니라면 이런 말을 해줬을 거라 생각했다. 그리고 평생 누군가를 증오하는 대신 용서하는 쪽을 택했다. 마음의 평화를 되찾기로 선택한 것이다. 세상을 향한 복수심을 계속 품고 살았다면 그의 삶은 억울한 옥살이의 연속이었을 것이다. 건강은 악화되고 수명은 짧아지고 정신은 피폐해졌을 것이다.

합법적으로 응징해야 마땅한 상황을 제외하고, 일상에서 일어나는 사소한 복수심을 해결할 방도는 용서밖에 없다. 증오를 넘어서 상황과 사람을 용서하는 마음만이 평화를 선물한다고 전문가들은 입을 모아 말한다.

미국 심리학자 로버트 엔라이트Robert Enright 교수에 따르면 용서는 다음 네 단계를 거쳐 우리에게 평화를 준다.

1___ 깨닫는 단계

공정하지 않은 세상이 우리를 어떻게 힘들게 만드는지 일깨우는 단계다. 아울러 몰아치는 분노가 우리에게 구체적으로 어떤 해를 끼치는지 알아차린다.

2___ 결정의 단계

분노가 해결책이 아니라는 사실을 받아들인다. 우리가 느끼는 고통은 삶이 더 이로운 방향으로 흘러가는 데 도움이 될 수 없다고 판단하고 결정을 고심한다. 용서할 것인지, 말 것인지 선택을 결정하는 단계다.

3___ 용서의 단계

용서할 마음을 준비하고 다듬는다. 우리에게 해를 끼친 사람의 행동을 더 넓은 관점에서 살펴본다. 그럴 수 있다고, 이해할 수 있다고 생각하기에 이른다. 분노와 적대감이 줄어들면서 차츰 편안해진다.

4___ 이해의 단계

세상의 불공정성에 대한 분노가 잦아들고 고통이 치유된다. 용서하면 역설적이게도 우리 자신에게 이롭다는 걸 확인한다. 아울러 자기 자신과 인생에 대한 이해가 더욱 깊어진다.

억울한 일을 당하면 누구나 고통스럽다. 강한 복수심에 사로잡힌다. 고통이 지속되면 선택의 기로에 서게 된다. 계속해서 고통받거나 복수할 것인가, 아니면 용서할 것인가. 용서를 선택하면 마음은 더욱 깊어지고 평화로워진다. 타인을 위한 길이 아니다. 용서는 그것을 베푸는 사람의 마음에 행복을 준다. 너그러운 마음이 받는 보상이다.

그렇다면 과거의 일을 용서하고 잊는 구체적인 방법이 있을까? 미국 심리학자 존 그롤John Grohol은 정신건강 전문 웹사이트 '사이키 센트럴Psych Central'에 기고한 글에서 다음 다섯 단계를 천천히 밟으면 도움이 된다고 말한다.

1_____ 과거의 나쁜 기억을 잊기로 마음먹는다. 물론 과거는 마음먹는다고 저절로 잊히는 게 아니다. 잊기로 결단하는 마음이 중요하다. 잊고 용서하기로 결심했다고 스스로 명확히 인지할 때, 다음 단계로 성장하는 것이 가능해진다.

2_____ 현재 느끼는 고통을 정확히 그리고 남김없이 표현한다. 그 사건 때문에 어떤 상처를 받았고 현재 어떤 기분이며 어떤 복수심을 품고 있는지 기록하거나, 믿을 만한 가까운 사람에게 털어놓는 것도 방법이다.

3——— 자신이 일방적인 희생자라는 생각을 버린다. 누군가의 나쁜 의도나 어떤 우연에 의해 상처받고 손해 봤다면 스스로 피해자, 희생자라고 여기는 것이 자연스러운 반응이다. 그럼에도 우리는 우리 자신을 돌볼 책임이 있다. 우리 스스로 '상처받은 나'를 위로해야 한다. 피해를 받은 기억을 씻어버리고 새로운 시작으로 시선의 방향을 돌려야 한다.

4——— 현재에 집중하려고 애쓴다. '지금 여기'의 사건에 주목하는 것이다. 현재에 집중하면 '그때 그곳에서 일어난 일'에 대해 생각하는 시간이 줄어든다. 과거의 상처가 의식에서 점점 밀려난다.

5——— 용서한다. 용서한다고 해서 그것이 피해를 준 행동의 정당성을 인정한다는 뜻이 아니다. 과거의 사건을 향한 분노와 복수심을 버리기로 다짐하는 것이 용서다. 그 무거운 마음을 가슴에서 밀어내고 새로운 행복과 기쁨으로 마음을 채우겠다는 결심이다.

"난 아직도 날 배신하고 떠난 K가 용서가 안 돼."

"아직도 그렇게 미워?"

"응, 숨이 막힐 정도로 미워. 가끔은 그 사람한 테 나쁜 일이 일어나길 바라기도 해. 실직을 하 든, 자기와 똑같은 사람을 만나 똑같이 당하든."

"복수도 하고 싶고?"

"나, 매일 울었어. 할 수만 있다면 내가 겪은 고 통을 열 배로 갚아주고 싶어."

"그런 마음 품고 있어봤자 너만 아파. 복수한들 후회만 될 테고."

"그래도 분노가 사라지지 않는 걸 어떡해."

"그 에너지를 조금만 떼어다 용서하는 데 써봐. 용서한다고 해서 그 사람이 옳았다고 인정하는 게 아니야. 그냥 네 마음에서 미움을 버리는 거 야. 너한테 상처를 주는 그 증오심을 덜어내는 거야. 아마 네 가슴을 찌르는 바늘을 빼버린 느 낌이 들 거야."

이상적 자아라는 불편한 환상

나는 좀 더 좋은 사람이 되고 싶다. 나에게는 아직 부족한 점이 많다. 노력을 100퍼센트 기울이지 못하고 주위 사람을 이해하고 보살피는 마음도 부족하다. 언제쯤이면 더 좋은 사람이 될 수 있을까? 이상적인 나로 성장할 날을 꿈꿔본다. 그때까지 계속 인내하고 노력할 것이다.

아름다운 마음의 표현인 듯 보인다. 선하고 겸손한 사람이 진심을 갖고 쓴 글 같다. 그러나 조금 다른 시각에서 보면 이런 혹평도 가능하다. 흔한 반성이고, 다짐의 내용도 상투적이다.

이 글에서 '나'는 더 이상적인 사람이 되겠다고 다짐하고 '현재의 나'는 부족한 존재라 단정한다. 그런데 지금의 자신이 어쩌면 최선의 모습일 수 있다. 이미 자신이 도달할 수 있는 최대치에 이르렀을 수도 있다. 그렇다면 지금의 자신을 그대로 좋아하는 것이 더 현명하지 않을까? '이상적인 나'는 영원히 도달할 수 없는 목표일지도 모른다.

《신경 끄기의 기술 The Subtle Art of Not Giving A F*Ck》 저자 마크 맨

슨Mark Manson이 자신의 홈페이지에 공개한 흥미로운 주장을 소개한다.

> 초콜릿 케이크를 먹는 것보다 마라톤을 완주하는 것이 우리를 더 행복하게 만듭니다. 자녀를 기르는 게 컴퓨터 게임에서 이기는 것보다 우리를 더 행복하게 만듭니다. 친구들과 작은 사업을 시작하는 것이 새 컴퓨터를 하나 구매하는 것보다 우리를 더 행복하게 만듭니다.

매력적인 말이다. 힘들더라도 장기 목표를 세우고 그것을 향해 나아가는 과정에서 행복을 찾을 수 있다는 의미다. 마크 맨슨의 표현을 옮기면 "이상적인 자신이 되는 과정이 바로 행복"이라는 말을 하고 싶은 것이다.

감동적인 말이다. 게임 몇 판 클리어한 기쁨을 자녀를 기르는 행복감에 비할 수는 없다. 그런데 이 과정에는 분명 고통이 따른다. 초콜릿 케이크보다 마라톤 완주가 우리에게 더 벅찬 행복감을 주지만, 마라톤을 완주하는 순간엔 당장 죽을 것처럼 고통스럽다. 아이 하나를 기르는 일은 그보다 천 배, 만 배는 더 어렵다. 씻기고 먹이고 어르고 야단치며 20년을 보내야 한다. 돈도 많이 든다. 마라톤 같은 목표는 끝이 있지만 양육은 그도 아니다. 평생 동안 근심 걱정에 시달려야 한다. 때로는 죽는 순간까지 후회하고 미안해하는 것이 부모의 운명이다.

　친구들과 사업을 시작하는 것도 두려운 일이다. 아무리 작은 규모라도 실패할 확률을 안고 가야 한다. 사업이 망하면 친구는 물론 그 가족도 불행해지고 투자자들도 좌절하게 만들 것이다. 새 컴퓨터를 구매하면 할부금만 감당하면 되지만 사업 실패로 감당할 부담은 실로 어마어마하다.

'이상적인 나'는 '진짜 나'가 아니다

'이상적 자아ideal self'라는 개념은 전 세계적으로 널리 퍼져 있다. 나는 이 개념이 사람들의 삶을 더 불행하게 오염시킨다고 생각한다. 이 개념은 자기 사랑의 적이다. '이상적 자아'는 우리가 영원히 우리 자신을 사랑할 수 없게 만든다.

　일단 이 말은 '실재하는 나는 부족하고 남루하다'라는 사실을 전제로 한다. '이상적인 나를 만들기 위해 더 노력하자'라는 말은 언뜻 근사한 각오로 보이지만, 현재의 자신을 부정적으로 보고 있다는 뜻이 숨어 있다. 현재의 자신을 바꾸고 싶다는 경고, 현재의 자신을 즐겨서는 안 된다는 경고, 현재의 자신을 사랑하면 불행해진다는 경고와 다름없다.

　'현재의 나'는 추하거나 해로운 존재가 아니다. 부족한 점이 있겠지만 지금 이 순간 거리를 돌아다니는 고양이와 흔들리는 나뭇가지가 아름답듯, 현재의 우리도 사랑스럽고 아름다운 존재다. 자신이 다른 생명보다 우월하다 말하는 건 오만이지만, 다른 생명체들보다 못한 취급을 받을 이유도 전혀 없다. 모든 생명처럼 현재의 우리 또한 사랑받을 만한 존재다. '이상적 자아'라는 개념은 그 사실을 부정한다.

모든 인간은 비루하고 남루할 권리가 있다

'이상적 자아'는 영원히 존재하지 않는다. 존재하지 않는 걸 추구하는 것은 인생에 해롭다. "당신은 이상적 자아에 도달했나요?"라는 질문에 "그렇습니다"라고 답할 사람이 누가 있을까. 아마 없을 것이다. 세계 최고의 부자, 정치인, 존경받는 박애주의자도 '그렇다'고 자신 있게 답하지 못할 것이다.

'이상적 자아'는 머릿속에서 만든 가공의 개념이기 때문이다. 유니콘이나 천사처럼 상상의 산물이어서 만질 수도 만날 수도 없다. 더 큰 문제는 이것이 각자의 이성과 선택에 의해 만들어진 상이 아니라는 점이다. 자신의 생각이므로 자신이 원하는 모습 같지만 실제로는 세상의 규범과 기성세대의 가치관이 만들어낸 대상인 경우가 허다하다. 이렇듯 존재하지 않는 허상임과 동시에 자신이 아닌 타자에 의해 만들어진 목표니 그에 도달하기는 더욱 어렵다.

도달할 수 없는 목표에 집착하면 언제까지나 배고픔에 시달릴 뿐이다. 매 순간 목표 미달의 패배감을 맛보는 것이다. 인생은 곧 스스로를 향한 실망의 연속이 된다.

'이상적 자아'는 '진짜 나'가 아니다. 우리는 그것이 될 수 없다. 성장과 노력의 가치를 부정하는 말이 아니다. 좀 더 나은 사람이 되도록 노력하는 것은 물론 필요하다. 그러나 좀 더 나은 자신이 안 될 가능성이 높다는 것도 받아들여야 한다. 또 좀 더 나은 자신이 되지 않아도 큰일이 일어나지 않는다.

모든 인간은 비루하고 남루할 권리가 있다. 아침에 일어나 거울을 보라. 부스스하고 부은 얼굴이 보일 것이다. 그 모습을 부정하면 안 된다. 그 모습 그대로 사랑해주면 된다. 찾아보면 여기저기 매력적인 요소가 많다. 눈이 부어 있으니 곰 인형처럼 귀엽다고, 눌린 머리도 제법 분위기 있다고, 자신을 아름다운 존재로 보는 연습을 해라. 현실 속의 자기 모습에 만족하고 아주 조금씩 고쳐가는 노력으로 충분하다.

'어떻게 하면 이상적인 나로 변신할 수 있을까'라는 생각을 바꿔 말하면 이런 뜻이다.

'어떻게 하면 이 지긋지긋한 내 모습을 바꿀 수 있을까?'
'나 자신을 미워하고 부정하는 방법이 뭐가 있을까?'

굳이 더 발전하고 싶다면 생각을 이렇게 고쳐보자.

'어떻게 하면 나를 지금보다 조금 더 괜찮게 바꿀 수 있을까?'

당신은 조금씩 발전하고 있다. 거창하고 비현실적인 목표는 필요 없다. 또한 미래만 보는 습관은 현재의 자신을 제대로 파악하는 데 걸림돌이 된다. 좀 더 막무가내로 당신을 사랑해라. 좀 더 막무가내로 당신에게 만족하고 스스로 칭찬해라. 가벼운 마음이 더 멀리 나아간다.

"나는 왜 이렇게 작은 일에도 심하게 흔들릴까? 너무 나약하고 심지가 굳지 못해. 게다가 실수도 많아서 매번 일을 망쳐. 좀 더 성숙한 사람이 되고 싶어."

"경험이 쌓이면 더 성숙해신다고 하잖아. 자연스럽게 될 거야."

"난 언제쯤 성숙한 존재가 될 수 있을까?"

"한 300살쯤 되면 가능하지 않을까?"

"놀리는 거야?"

"300년 사는 사람은 없잖아. 그만큼 완전하게 성숙한 존재가 될 사람도 없을 거란 뜻이야. 모든 사람이 실수하고 후회하고 두려워하면서 살아."

"성숙한 존재가 되는 것 자체가 불가능하다니, 너무 비관적인 생각 아니야?"

"아니, 오히려 그편이 낙관적이고 따뜻한 생각이라고 봐. 인간이 모두 미숙한 존재라고 생각해봐. 그 미숙함이 어쩔 수 없이 받아들여야 할 운명이라고. 그럼 지금의 부족한 나 자신을 더 따뜻하게 품고 좋아해줄 수 있지 않을까?"

과도한 사랑은 오히려 독이 된다

어린 소녀가 양손에 사과를 들고 있다. 엄마가 하나 줄 수 있느냐고 묻는다. 소녀는 잠깐 고개를 갸웃한 후 왼손의 사과를 한입 베어 문다. 엄마 눈을 바라보며 오물오물 씹다가 이번에는 재빨리 오른쪽 사과를 한입 베어 문다.

소녀가 천진한 얼굴로 사과를 맛보는 동안 엄마는 큰 실망감을 느낀다. '내 아이가 이렇게 이기적인가.'

그때, 소녀가 미소 띤 얼굴로 엄마에게 왼손을 내밀면서 말한다. "엄마, 이거 드세요. 이게 더 달아요."

영어권에서 동심의 아름다움을 보여주는 예로 자주 인용되는 이야기다. 현실에서도 이런 일은 종종 일어난다. 때 묻지 않은 아이들의 순수한 말과 행동은 때로 어른들의 마음을 부끄럽게 한다.

그런데 이 이야기를 조금 다른 각도에서 보면, 새로운 교훈을 얻을 수 있다. 딸을 보며 오해에서 출발한 터무니없는 걱정을 하는 엄마를 보면서 우리는 자신을 스스로 괴롭히는 방법을 볼 수 있다. 더 맛있는 사과를 주려는 딸의 행동을 엄마는 이기적인 행동이라고 착각했다. 그렇듯 우리는 자신과 자기 인생에 대하여 허황된 걱정을 품고 산다.

나에 대한 걱정은 환상이다

양손에 든 사과를 번갈아 베어 문 딸을 보며 엄마는 '내 아이가 이렇게 이기적인가' 당혹스러워 했다. 이 당혹감은 '내가 아이를 잘못 길렀구나'라는 자기 책망으로 이어졌을 것이다. 그나마 다행인 것은 엄마가 즉각적으로 그 마음을 드러내지 않았다는 점이다. 만일 엄마가 그 순간에 이렇게 말해버렸다면 어땠을까?

"넌 참 이기적이구나. 정말 실망스럽다."

딸은 마음에 큰 상처를 입었을 것이다. 상처받은 사실을 숨겼을지도 모른다. 양손의 사과를 떨어뜨리고 방에 들어가 엉엉 울고 평생 그 기억을 가슴에 품고 살지도 모른다. 안타까운 일이다.

아이는 결코 이기적인 존재가 아니었고, 엄마가 자책할 이유 역시 없었다. 아이의 사회성을 걱정할 필요도 없었다. 엄마의 걱정은 그야말로 환상이었다.

우리도 마찬가지다. 자신에 대한 걱정은 대부분 환상이다.

우리는 염려한다.

'나는 인생에서 실패할지도 몰라.'

'나는 또 실수할 거야.'

'나는 정말 무능력하고 부족한 사람이야.'

이 모든 걱정은 소녀의 엄마가 했던 걱정과 같다. 환상이고 착각이다. 사람들은 자기 자신에 대해 걱정할 때 늘 과장한다. 작은 실수도 심각한 수위로 뻥튀기해서 받아들인다. 사소한 말실수를 하고 나면 그 일이 엄청나게 큰 파장을 일으킬 것처럼 착각하고 머리를 쥐어뜯는다.

'그런 바보 같은 소릴 하다니, 정말 멍청해.'

또 실수의 결과를 극도로 나쁜 쪽으로 예상한다.

너무 사랑하지 않는 것도 방법이다

왜 우리는 우리 자신에 대해 나쁘게만 생각할까? 왜 잘못을 과장하고 집요하게 후회할까? 여러 이유가 있겠지만, 자신을 지나치게 사랑하는 것도 하나의 원인이다. 지나치게 사랑해서 심각하게 걱정하고 결국은 헛된 걱정에 사로잡히는 것이다.

소녀의 엄마는 딸을 사랑하는 마음이 크다. 그 마음이 큰 만큼 혹여나 딸이 잘못 자라지 않을까 항상 염려한다. 그래서 조금이라도 나쁜 조짐이 보이면 성급하게 확신해버린다. 딸을 잘 키우는 데 실패했다고 곧바로 자신을 향해 채찍질한다. 너무 사랑해서 너무 걱정하고, 너무 걱정해서 근거 없는 걱정에 휩쓸리는 것이다.

자신을 진정으로 사랑하려면 지나친 사랑을 거두어야 한다. 내버려두는 것이다. 믿는 것이다. 잘해낼 수 있다고 믿고 맡기는 것이다. 과도한 사랑, 과도한 걱정은 곧 스스로를 괴롭히는 행동으로 이어진다.

우리가 우리 자신을 두고 하는 걱정 중 대부분은 오해에서 출발한 환상이다. 소녀의 엄마는 스스로 이렇게 다짐해야 한다.

'딸에 대한 걱정은 대부분 환상이다.'
'사랑이 지나치면 걱정은 더 깊어진다.'
'딸은 행복하게 잘 살 것이다. 믿어주자.'

'딸'을 '나'로 바꾼 다짐이 우리에게 필요하다.

'나에 대한 걱정은 대부분 환상이다.'
'사랑이 지나치면 걱정은 더 깊어진다.'
'나는 행복하게 잘 살 것이다. 믿어주자.'

소녀가 불쑥 사과를 내밀어 엄마에게 감동을 주었듯, 우리 자신도 우리에게 기대하지 못한 감동을 선물할 수 있다.

미국 심리학자 엠마 세팔라Emma Seppala는 한 에세이에서 아주 중요한 지적을 했다.

우울증과 불안은 자신에게 집중하는 상태와 연결되어 있다. '나를', '나 자신', '나는'이라는 말에 몰두하는 태도 말이다.

정확한 설명이다. 우울증이나 불안감 때문에 마음이 아픈 사람들은 매 순간 '나'를 주어나 목적어로 삼고 생각하고 그런 문장을 집요하고 끈질기게 만들어낸다.

'나는 왜 이럴까.'

'나는 살 가치가 있을까.'

'나는 불행하게 살지 않을까.'

'내가 실수를 한 걸까.'

'나를 사랑해줄 사람이 있을까.'

'나를 무시한 걸까.'

'나를 어떻게 하려는 걸까.'

그들은 끊임없이 자신에게 문제가 있는지, 사랑받을 가치가 있는지 고민한다. 당연히 답은 주로 부정적인 언어로 나온다. 그래서 더 우울해지고 더 불안해진다. 자주 우울감과 불안감에 시달린다면 자신에게 지나치게 집중하는 상태에서 의도적으로 벗어날 필요가 있다. 엠마 세팔라는 '타인과의 소통'이 이럴 때 아주 유용하다고 설명한다.

> "당신이 우울한 기분일 때 갑자기 가까운 친구나 가족에게 전화가 걸려왔다고 가정해봐요. 당신에게 아주 급하고 중요한 도움을 청하는 전화예요. 그 사람을 돕는 것에 주의를 돌리는 순간, 당신의 기분은 좋아집니다. 우울감에서 벗어나요. 도울 사람이 생겼으니 에너지가 생길 거예요. 기분은 훨씬 긍정적이 되고 당신의 문제에 대한 객관적인 관점을 갖게 돼요."

타인과 소통하고 주변 사람들의 문제를 함께 걱정하며 도우려는 순간, '나'는 '나의 문제'에서 벗어난다. 오직 걱정에만 몰렸던 에너지가 타인을 돕는 에너지로 전환된다. 걱정에 빠진 자신을 친구처럼 여겨라. 친구에게 잘될 거라 응원해주는 것처럼 자신에게도 한 발 떨어져서 지지하는 친구가 돼라. 어떤 일이든 잘 겪어내고 성장하리라고 믿어주는 것으로 충분하다. 사랑과 관심에서 과도한 집착을 덜어내라.

05

섬세하고 여린
나를 보살피는 말

나를 향한 말버릇이 내 삶이 된다

"거울아, 거울아, 세상에서 누가 제일 아름답지?"

"왕비님이 가장 아름다우십니다."

거울의 이 대답만 들으면 왕비의 마음은 기쁨으로 충만해진 다. 훗날 백설공주가 자란 뒤로 거울의 대답이 바뀌자, 왕비 는 분노로 이성을 잃고 번민의 밤을 보낸다.

우리 마음에도 왕비의 거울이 있다. 어떤 말은 우리를 기쁨 에 떨게 하고, 어떤 말은 우리를 고통에 빠뜨린다. 그 말은 머 릿속에서 끊이지 않는다. 의식하지 못할 뿐, '내가 나에게 하는 말'은 쉬지 않고 이어진다.

나는 내 머릿속 혹은 마음속을 빠르게 스치는 말들을 건져 올 려 분석해보았다. 주변에서 자청한 사람들의 마음도 함께 들여 다보았다. 그 결과 우리가 스스로에게 하는 말, 즉 '셀프 토크'에 는 두 가지 종류가 있다는 걸 알았다. '기쁨을 주는 말'과 '고통 을 주는 말'이다. 스스로를 기쁘게 하는 말은 열려 있고 고통을 주는 말은 닫혀 있다. 구체적으로 살펴보자.

나를 기쁘게 하는 말들

자신을 사랑할 줄 아는 사람은 스스로에게 다정한 말을 건넨다. 마음에 칼날을 들이대는 고통의 언어로부터 우리를 지키는 말, '나를 기쁘게 만드는 말'을 연습해보자.

1____ '정말 그럴까?'

거듭 말했듯 우리 뇌는 끊임없이 불안감과 걱정을 만들어낸다. 나쁜 일이 일어날 것 같다고 혼자 중얼거린다. '난 이제 망했어'라고 쉽게 좌절하고, '사람들이 날 비난할 것 같아'라고 두려움을 만들어낸다. 그럴 때 자신에게 이런 질문을 던지면 효과적이다.

'난 이제 망한 것 같은 기분이 들어. 그런데 정말 그럴까?'
'사람들이 날 비난할지도 몰라. 정말 그럴까?'

부정적이고 불안한 걱정을 하는 순간 곧바로 이 말을 덧붙여라. 안 좋은 생각이 춤추기 시작하는 순간, 그 생각이 정말로 진실인지, 지나친 비관에서 출발한 쓸데없는 걱정이 아닌지 따져 묻는 심판관을 등장시키는 것이다. 마음을 괴롭히는 생각이 들 때마다 제삼자가 되어 태클을 걸어라. 상황을 객관적으로 보는 데 도움이 된다.

2____ '뭔가 사정이 있겠지'

이해할 수 없는 상황을 목격하면 한숨과 함께 이런 말이 저절로 튀어 나온다.

"왜 저럴까, 정말. 이해가 안 돼."

'그런 행동은 해서는 안 되는 그릇된 행동'이라는 가치판단이 들어간 표현이다. 비난도 포함되어 있다. 막상 그렇게 말을 내뱉고 나면 가슴이 더 답답하다. 이럴 때는 표현을 바꿔본다.

> '나한테 왜 그런 말을 했을까? 잘은 모르겠지만 뭔가 이유가 있겠지.'
>
> '왜 그런 행동을 했지? 뭔지 모르겠지만 그럴 만한 사정이 있을 거야.'

'뭔가 이유가 있을 것이다'라는 생각에는 타인을 존중하는 마음이 깔려 있다. 그 사람의 합리적인 언행 능력을 믿는 마음이다. 이런 습관은 다른 사람을 쉽게 비난하고 단정하는 태도를 줄인다. '답답하다', '이해 불가다'라면서 비난하는 에너지를 아낄 수 있다. 피곤한 감정 소비를 막는 길이다.

또 '뭔가 사정이 있을 것이다'라고 생각하면 그 사안에 대한 관심도 저절로 꺼진다. 시선의 방향이 '그 이상한 사람'에서 '나'에게로 돌아온다. '나의 문제', '나의 일', '나의 의식'으로 감각이 집중된다. 이 또한 자기를 사랑하는 방법이다. 자신에게 관심을 갖고 자기 일에 몰두하는 것이 셀프케어의 기본이다. 다른 사람의 언행을 비판적으로 관찰하고 따지는 행위엔 어마어마한 에너지가 요구된다. 이 무가치한 일에 힘을 낭비하지 말고 이해할 수 없는 것을 봐도 '나름의 이유가 있겠지' 생각하고 넘기자.

3_____ '이 정도면 됐어'

우리는 얼마만큼 성취했든 그보다 더 많이 성취하도록 교육받는다. 만족은 죄악시된다. 더 큰 결과, 더 높은 성과를 위해 끊임없이 일하고 공부해야 인정받는다. 그동안 이룬 성과에 자만해서도 안 된다. 어린 시절부터 만족을 모르는 욕심쟁이로 길러진다. 욕심쟁이의 비극은 자기를 미워하게 된다는 점이다. 어떤 순간에도 자신이 무능하거나 노력이 부족했다 생각하며 스스로를 다그치는 마음을 갖게 된다. 더 많은 것을 얻으려는 탐욕에서 벗어나려면 이런 말을 반복해라.

'오늘 제법 많은 일을 처리했네. 그래, 이 정도면 됐어.'
'내일 할 일도 남겨둬야지. 오늘은 이 정도면 충분해.'

자신이 성취한 것을 긍정적으로 평가하는 말들이다. 이런 말은 불안에서 벗어나게 한다. 스스로에게 용기를 심어준다. 다른 사람은 모두 자기 문제로 바쁘니 스스로에게만큼은 이런 위로를 들려줘야 한다. '그 정도면 충분하니 편히 쉬어도 돼'라고 안심시켜주는 것이다.

4 ── '그게 뭐 어때서'

누구나 실패한다. 좋은 대학교나 원하는 회사에 들어가지 못할 수도 있다. 부와 명예 등 남들 보기에 화려한 목표를 이루지 못하는 이들이 절대 다수다. 그렇다고 창피해하거나 주눅 들 필요가 전혀 없다. 이렇게 말해보자.

> '나는 외국어가 젬병이야. 그렇지만 그게 뭐 어때서.'
> '내가 좀 못생기기는 했지. 그게 뭐 어때서.'
> '나는 수줍음이 많은 편이야. 그렇지만 뭐 어때, 괜찮아.'

학력이나 경제적 능력, 외모보다 더 중요한 건 행복이다. 행복을 추구하고 느끼고 키워나가는 능력이다. 가진 돈이 없고 키가 좀 작아도, 원하는 직업을 갖지 못했어도 그 자체로 사랑받을 자격이 있다고 믿는 마음이다. 사회가 말하는 세속적인 조건들을 갖추지 못했다고 해서 존재의 가치가 손상되는 것이 아님을 분명히 깨달아야 한다.

5____ '내가 어떻게 다 알겠어'

우리는 많은 순간 실수를 한다. 예측이 어긋날 수도 있고 계획이 틀어질 수도 있다. 이런 상황이라 해서 자신을 비난하면 안 된다. 누구도 완벽하게 예측할 수 없기 때문이다. 완전무결한 예측은 없다. 틀릴 수밖에 없는 것이 인간이다.

'예상 밖의 결과야. 하긴, 내가 어떻게 다 알겠어.'
'이번에는 생각대로 안 됐네. 뭐, 내 생각이 틀릴 수도 있지.'

남에게 피해를 주고도 뻔뻔하게 구는 후안무치한 태도는 곤란하지만, 도를 넘는 자기 책망은 곤란하다. '누구나 전부 완벽하게 알 수 없다'라는 생각을 받아들이면 과도하게 자책하는 습관에서 벗어날 수 있다. 자책하는 습관은 질환과 같다. 실수에 대한 공포를 가중해 앞으로 나아갈 힘을 잃게 한다. 반대로 '나도 얼마든지 틀릴 수 있어'라는 생각은 새로운 도전을 두려워하지 않게 한다.

6____ '괜찮아, 그럴 수 있어'

자책을 잘하는 사람들은 어린 시절 실수나 잘못을 감싸주는 말을 많이 못 들었을 확률이 높다. 그래서 틀린 결정을 했다는 생각이 들 때 타인과 똑같이 비난하거나 더 거세게 책망한다. 그들은 어린 시절 "괜찮아"라는 말을 더 많이 들었어야 했다. 이제는 그런 말을 기대할 수 없는 성인이 되었으니 스스로 들려줘야 한다. 자신의 모든 과오와 결점을 용서하면서 이렇게 말해보자.

> '취해서 옛날 애인한테 문자를 보내다니. 너무 창피하지만 뭐, 그럴 수 있어. 흔한 실수야.'
> '다이어트 중에 치킨을 먹고 잠들어버리다니. 속상하지만 괜찮아. 내일 다시 시작하면 되지, 뭐.'

내게 고통을 주는 말들

자기 존중감과 자기 사랑을 해치는 말버릇이 있다. 너무나 습관적으로 되풀이해서 스스로 의식하지 못한 사이 당신을 괴롭히는 말버릇이 있는지 돌아보자.

1___ '틀림없어'

자신에 대한 의심, 미움이 큰 사람은 부정적인 미래를 확신하는 말을 반복한다.

'난 이번 시험에 떨어질 거야. 틀림없어.'
'그 사람은 나한테 전화하지 않을 거야. 틀림없어.'

그런데 '틀림없는' 미래를 볼 수 있는 사람은 세상에 없다. 어떤 사람의 미래 예측도 틀릴 수 있다는 가능성을 내포한다. 틀림없다는 확신은 무조건 틀린 것이다.

사실 이런 말에는 깊은 불안감이 숨겨져 있다. 시험에 불합격할 것 같은 불안감, 좋아하는 사람이 자신에게 아무 관심이 없을 것 같은 불안감을 그렇게 표현하는 것이다. 속으로는 합격과 연락을 기다리면서 말이다.

'틀림없다'라는 말은 '그래도 모를 일이야'라는 말로 바꾸는 게 낫다.

'난 이번 시험에 떨어질 거야. 틀림없어.'

→ '이번 시험에 떨어질 것 같아 불안해. 그래도 모를 일이야. 합격할 수도 있어.'

'그 사람은 나한테 전화하지 않을 거야. 틀림없어.'

→ '연락이 오지 않을까 봐 불안해. 그래도 모를 일이야. 그 사람이 내 매력을 알아봤을지도 모르지.'

나쁜 예언이 미래를 결정할 때가 있다. '절대로 안 된다'라고 가능성의 문을 닫아버리면 의욕도 힘도 빠져서 아무런 노력도 하기 싫어진다. 당연히 일이 잘 풀릴 가능성도 낮아진다. 나쁜 미래를 확신하는 습관부터 버려야 한다. 자신에게든 남에게든 부정적인 결과를 단정하는 표현을 내뱉기를 경계해라.

2____ '내가 뭐 늘 그렇지'

"내가 뭐 늘 그렇지", "나는 매번 실패해", "나는 단 한 번도 성공한 적이 없어" 같은 말을 무심코 하지 않는가? 겸손의 표현이 아니다. '항상', '언제나', '한 번도'라는 말은 대개 부정적인 말에 많이 쓰인다. 모두 거짓말이다. '항상' 그럴 수는 없다. '매일' 실패할 수도 없다.

진실이 아닌 데다 자학의 표현이다. 누구든 언제든 실수할 수 있는데 그걸 과장한다. '언제나 실수하는 인간'이라고 스스로 낙인을 찍어버린다. 자기 코에 스스로 강편치를 날리는 것과 다름없다. '늘', '항상', '매번' 같은 말을 '이번에', '오늘은'으로 바꿔 말해야 한다.

> '내가 뭐 늘 그렇지.'
> → '나는 이번에 실수했어. 다음엔 더 잘할 거야.'
> '나는 매번 실패해.'
> → '오늘은 실패했네. 내일은 다를 수 있어.'

과장된 말로 자신을 몰아붙이지 마라. 이런 말은 하나의 잘못을 마치 전체인 것처럼 과장하고 자신을 미워하게 만든다.

물론 타인에게 말하는 것도 금물이다. 가령 "넌 항상 그런 식으로 말해" 같은 말은 상대방의 감정만 상하게 하는 과장된 모함이다.

3___ '이러면 큰일 나는데'

자기 협박에 능한 사람이 있다. '이 일이 잘못되면 정말 큰일나', '이번에도 떨어지면 내 인생은 끝장이야'라고 스스로 겁을 준다. 자신을 벼랑으로 몰아세우면 좀 더 노력하게 되는 당장의 이점은 있다. 더 열심히 공부하고 밤잠을 줄여가며 일하게 된다. 그러나 스스로 심리적 고통을 줘가며 억지로 행하는 노력엔 한계가 있다.

겁쟁이의 마음을 일으키는 이런 표현에 중독된 사람들은 자기뿐 아니라 주변 사람들에게도 마찬가지로 말한다. "너 이번에도 합격 못하면 큰일인데 어떡하니" 같은 식으로, 옆에 있는 사람까지 덩달아 불안해지고 위축되게 만든다. '큰일 난다'라는 말은 '……하도록 노력하자'라고 바꿔 표현하자.

'이 일이 잘못되면 정말 큰일 날 거야.'
→ '이 일이 잘되도록 최선을 다하자.'
'이번에 불합격하면 끝이야.'
→ '이번에 합격하도록 노력하자, 꼭.'

4____ '하지 말았어야 해'

'그 일을 하지 말았어야 해'라고 후회할 때가 많다. 후회는 자기에 대한 우회적인 공격이다. 후회하는 습관이 깊다 보면 자연스레 자기 마음에 죄의식을 심어주게 된다. 후회하는 표현은 논리적인 표현으로 바꿔 말하는 게 좋다. 과거에 붙들려 있지 않고 문제의 해결책을 찾는 미래 지향적인 표현이 유익하다.

> '그 일을 하지 말았어야 해.'
> → '안 했으면 좋았겠지만 이미 해버렸으니 어쩔 수 없어. 어떻게 하면 상황이 더 좋아질까?'
> '그 말은 하지 말았어야 해.'
> → '당시로서는 그 말을 할 수밖에 없었어. 오해를 풀어주려면 어떻게 말해야 할까?'
> '그때 더 잘했어야 해.'
> → '그때 더 잘했으면 좋았을 거야. 그래도 그때 내가 가진 능력으로서는 그게 최선이었어. 다음엔 더 잘할 거야.'

5____ '사람들이 뭐라고 할까?'

타인이 어떻게 생각할지에 신경 쓰기 시작하는 순간, 인생의 주체가 자신이 아닌 타인에게로 옮겨간다. 스스로 심판대를 만들어 올라가 사람들의 질책을 기다리며 머리를 숙이는 꼴이다.

왜 다른 사람의 좋은 평가를 받아야 할까? 그것도 우리 자신에게 별 관심도 없는 사람들에게 말이다. 누가 어떤 평가를 하건 그건 우리에게 큰 문제가 아니다. 스스로 떳떳하다면 아무 문제 없다. 자신의 판단을 존중하고 그 결정을 따르면 된다. 들리지도 않는 타인의 판단을 상상하며 벌벌 떨 이유가 없다.

'실패하면 사람들이 어떻게 생각할까'라는 생각도 아주 흔한 걱정이다. 그런데 이것 역시 '나'를 '타인의 노예'로 만드는 말이다.

'실패하면 사람들이 어떻게 생각할까?'

→ '실패하면 나는 아마 슬플 거야. 나에게 기쁨을 선물하자.'

'합격하면 사람들이 칭찬하고 부러워할 거야. 열심히 공부해야지.'

→ '합격하면 나에게 가장 큰 기쁨이 될 거야. 가족들에게도 좋은 선물이 되겠지.'

셀프 토크는 습관이다. 습관적으로 되풀이하는 표현에 따라 우리 마음은 크게 달라진다. 하나의 일로 행복을 느낄 수도, 절망에 빠질 수도 있다.

'이 정도면 됐어', '그게 뭐 어때서', '괜찮아, 그럴 수 있어' 같은 말은 마음에 해방감을 선물한다. 자기를 기쁘게 만드는 말을 자주 반복하면 심리적으로 안정된다. 마음을 옥죄는 강박이 줄어든다. '일이 잘되지 않아도 풀어나갈 여러 가능성이 있다'라는 사실을 받아들이게 되기 때문이다.

'내가 뭐 늘 그렇지', '이러면 큰일 나는데' 같은 말은 마음을 지옥으로 빠뜨린다. 이런 말을 습관적으로 되풀이하면 지속적으로 걱정과 압박에 짓눌려 살게 된다. 다른 가능성은 없고 오직 한 가지 결과, 나쁜 일만 일어나게 되어 있다는 뜻을 품은 말이기 때문이다.

행복해지라면 '단정 짓지 않는 연습'이 필요하다. 나쁜 일이 일어날 거라는 확신을 허용하지 마라. 큰일이 났다고 자신을 겁주지도 마라. 괜찮다고 다독이고 좋은 일이 일어날 수도 있으니 안심하자고 스스로를 위로해야 한다. 긍정적인 셀프 토크를 많이 할수록 '나를 향한 사랑'은 더욱 깊어진다.

지친 마음을 위로하는 10분 힐링 타임

퇴근길 지하철 안이다. 유난히 일이 많은 하루였다. 어깨도 뻐근하고 머리도 지끈거린다. 그래도 견딜 만하다. 어린 시절 엄마가 해준 말이 오늘 불쑥 떠올랐기 때문이다.

"너는 나에게 가장 소중한 존재야. 너를 위해서라면 내 심장도 줄 수 있어."

그때 나는 장난치듯 물었다. "내가 왜 소중해요? 예뻐서? 아니면 공부를 잘해서?"

엄마가 대답했다. "이유는 없어. 네가 뭐가 우월한지는 중요하지 않아. 그냥 이유 없이 너를 사랑하는 거야."

고달프지 않은 인생은 없다. 모두가 스트레스와 불안, 초조감에 연속적으로 시달린다. 그런 감정으로부터 완전히 자유로운 사람은 존재하지 않는다. 정신적 고통을 받는다는 점은 모두 같지만 대응하는 방식은 저마다 다르다. 위 사례처럼 좋은 기억을 떠올리며 정신적으로 회복할 줄 아는 사람이 있는가 하면, 자신의 정신적 상처를 돌보지 못하고 참고 버티기만 하는 이도 적지 않다.

　좌절감과 불안감에서 우리를 구출할 간단한 기술을 소개한다. 단 10분이면 충분하다. 만병통치도 아니고 영구적인 해결책도 아니지만 응급 처치로는 아주 좋은 방법들이다. 스스로 위로하고 깊고 느린 호흡을 하며 '나는 행복한가' 진심으로 자문해보는 것이다.

나를 사랑하는 감각을 기르다

자존감은 자신을 사랑하는 감각이다. 자신을 얼마나 사랑하는지에 따라 자존감의 수준이 달라진다. 마음 깊은 곳에서 자신은 존중받을 가치가 없는 사람이라 생각하면 좋은 일이 생겨도 그 기쁨이 금세 자신에게서 멀어질 거라 확신한다. 기쁨을 온전히 누리지 못하는 마음이다.

　조건 없이 우리 존재를 긍정하고 소중히 여기는 엄마를 떠올려보자. 엄마의 위로를 생각해보자. 어눌한 위로의 말에도 깊은 진심이 묻어 있다. 엄마의 위로를 흉내 내듯 스스로를 위로하는 것이 긍정 심리학의 기본이다.

　자기를 위로하는 방법은 수도 없이 많다. 각자의 취향과 상황에 맞게 개발하면 된다. 한 가지 추천을 하자면 버스나 지하철 안에서의 자투리 시간을 활용하는 방법이다.

대중교통을 이용할 때 우리는 습관적으로 스마트폰을 켠다. SNS를 둘러보고 뉴스를 읽는다. 하루만 스마트폰을 꺼내지 말자. 대신 눈을 감고 자신에게 말을 건네보라.

"수고했어, 나는 정말 대단해."
"이 정도면 충분해. 내가 가진 것은 수도 없이 많아."
"잊어버리자, 붙들고 있어봐야 해결될 건 없어."
"두려워하지 마, 이제까지 잘해왔잖아."

거울 앞에서 자기 눈을 바라보며 해보면 더 효과적이다.

10분이면 충분하다. 그때그때 자기에게 가장 필요한 위로를 스스로 찾아내서 말해준다. 마음이 편해질 것이다. 이런 셀프 위로를 반복하다 보면 위로의 기술이 늘어난다. 자신에게 따뜻한 사람으로 '진화'하는 것이다.

위로에 논리적 근거는 필요 없다. 아무런 이유나 조건이 없어도 된다. 부모가 자식을 사랑하듯 아끼고 다독이는 마음이면 충분하다.

이 외에 지친 몸을 위해 할 수 있는 일이 있다. 스트레칭이다. 큰 동작은 어렵겠지만 몇몇 부위의 긴장을 푸는 정도는 얼마든지 가능하다. 스트레스는 주로 턱과 어깨에 쌓인다고 요가 전문가들은 말한다. 긴장하면 턱에 힘이 들어간다. 불안할 때도 마찬가지다. 지속적인 스트레스와 긴장을 방치하면 목 부근 어깨 근육이 점점 경직되어 통증을 유발하기도 한다. 지하철에 서서 이 부분을 풀어줄 수 있다. 고개를 숙이거나 젖히는 동작, 턱에 힘을 빼고 1~2분만 가만히 있어도 한결 편안해진다. 피로감을 조금이나마 줄일 수 있다.

마지막으로 평화로운 이미지를 상상하는 방법이 있다. 이 또한 어떤 장소에서든 가능하다. 푸른 바다, 화창한 하늘, 여름날의 강, 새가 지저귀는 숲, 노을로 물든 언덕, 별이 가득한 밤하늘 등을 머릿속으로 그려보는 것이다. 그 속을 걷는 자신의 모습도 상상해본다. 짧은 시간 동안 힐링이 된다.

심호흡, 나를 위로하는 가장 쉬운 방법

중요한 발표나 프레젠테이션을 앞둔 날이면 불안한 마음을 잠재우기 어렵다. 준비한 대로 잘해낼 수 있을지 자신이 서지 않는다. 두려운 마음에 걱정을 떨칠 수가 없다.

이런 감당할 수 없는 불안감이 마음을 뒤덮을 때는 어떻게 해야 할까? 이럴 때는 생각을 멈추기 위해 일단 밖으로 나가는 게 좋다. 달릴 공간이 있다면 더 좋다. 여의치 않으면 재밌는 책을 읽거나 자신감을 불어넣는 말을 반복하는 것도 방법이다.

많은 사람이 마음이 불편할 때 바람직하지 않은 방법에 의존

한다. 이를테면 외롭다고 습관적으로 술에 의존하거나, 야식으로 배를 채운다. 당장은 생각을 멈추는 데 효과가 있을지 몰라도 지속적인 치유책과는 거리가 멀며 건강에도 해롭다.

칼로리 걱정 없이 짧은 시간 내에 자신을 위로하는 방법이 있다. 바로 호흡이다. 깊은 호흡으로 불안과 걱정, 스트레스를 지워버릴 수 있다.

심호흡이 어떻게 마음을 안정시킬 수 있을까? 과학이 설명하는 원리는 단순하다. 깊은 호흡은 뇌를 속인다. 숨을 깊이 들이마시고 내쉼으로써 마치 지금이 편안한 상황인 것처럼 현혹시키는 것이다. 이때 뇌는 심장과 신경을 다시 편안하게 만든다.

특별한 병이 없는 한 호흡의 빠르기는 감정 상태가 결정한다. 화가 나면 그 즉시 호흡이 가빠진다. 불쾌감, 두려움 등 부정적인 감정에 사로잡혀도 그렇다. 이럴 때는 호흡이 짧고 얕다. 반면 마음이 평화로우면 호흡도 안정되고 느려진다. 깊고 길어진다. 감정이 호흡의 패턴을 바꾸는 것이다.

심호흡은 이 원리를 반대로 이용하는 방법이다. 호흡으로 감정의 상태를 바꾸는 것이다. 아주 긴박한 상황이 닥쳤다고 가정해보자. 당연히 뇌는 흥분한다. 그때 호흡을 깊고 느리게 조절하면 평화로운 상황에 있다고 착각한 뇌는 심장 박동을 느리게 조절하고 몸의 긴장도를 떨어뜨린다. 곧 마음도 편안해진다.

심호흡은 여러 이점을 준다. 영국에서 호흡과 명상을 가르치는 레베카 데니스Rebecca Dennis는 〈컨셔스 라이프스타일 매거진Conscious Lifestyle Magazine〉에서 심호흡의 아홉 가지 놀라운 효과를 소개했다.

1＿＿ 인체에 절대적으로 필요한 산소가 공급되어 에너지가 높아진다.
2＿＿ 횡경막의 긴장이 풀리고 어깨뼈 주변 근육과 승모근이 이완된다.
3＿＿ 부교감신경이 활성화된다.
4＿＿ 박테리아나 바이러스에 대한 저항력이 강화된다.
5＿＿ 분노로 수축된 근육의 긴장이 풀린다.
6＿＿ 심장, 혈관 등 심혈관계가 건강해진다.
7＿＿ 정신이 이완됨으로써 집중력과 기억력이 향상된다.
8＿＿ 소화기관이 건강해진다.
9＿＿ 세로토닌과 엔도르핀이 분비되어 노화를 막는 호르몬이 늘어난다.

그렇다면 어떻게 호흡하는 것이 효과적일까? 다양한 방법이 있는데, 누구나 따를 수 있는 가장 간단한 방법으로 '1분 5 호흡법'이 있다.

간단히 말해 1분에 다섯 번 숨을 쉬는 것이다. 호흡 한 번에 12초가 할당된다. 숨을 들이마실 때 6을 세고, 내쉬면서 6을 세면 된다. 이런 식으로 2~3분만 호흡해도 불안감이 조금 진정되고 두통 등 육체적인 통증도 줄어든다고 한다.

이보다 좀 더 복잡하고 전문적인 호흡법을 하나 소개하겠다. 미국의 건강의학정보 사이트 '웹MD WebMD'에 소개된 심호흡법이다.

1＿＿ 편안하고 조용한 장소에 앉거나 눕고 눈을 감는다.

2＿＿ 한 손은 배에, 다른 손은 가슴에 얹는다.

3＿＿ 평소와 같이 호흡한다.

4＿＿ 호흡의 속도를 점점 늦춘다. 코로 호흡하면서 배가 부풀어 오르는 걸 느낀다.

5＿＿ 1~2초 동안 호흡을 멈춘다.

6＿＿ 입을 통해 숨을 뱉는다. 역시 배의 움직임을 느낀다.

7＿＿ 안정적 리듬이 생길 때까지 반복한다.

8＿＿ 호흡에 이미지를 부여한다. 숨을 들이쉬면서 편안함과 고요함이 꽃잎처럼 온몸에 퍼진다고 상상한다.

9＿＿ 숨을 내쉬면서 스트레스와 긴장이 몸에서 빠져나간다고 상상한다.

10____ 스트레스가 사라지고 편안해질 때까지 10분 정도
      호흡을 계속한다.

1분 안에 행복해지는 세 가지 질문

1분 만에 마음을 편안하게 만드는 질문이 있다. 스스로 묻고,
정직하게 답해본다.

질문 1____ 지금 행복한가?

'그렇다'는 대답이 나왔다면 지금 이대로 충분하다. 부정적
인 대답이 나오면 두 번째 질문으로 넘어간다.

질문 2____ 무엇이 나의 행복을 가로막는가?

10년 전 사지 않은 주식이 크게 올라 후회막심인 상황일 수
있다. 시험이나 면접에서 떨어져 크게 상심한 상태일 수도 있
다. 거래처나 상사가 말도 안 되는 횡포를 부려 기분이 상했을
수도, 좋아하는 사람이 마음을 안 받아줘서 불행할 수도 있다.
이유를 알았다면 다음 질문으로 넘어간다.

질문 **3**___ 있는 그대로 받아들일 수는 없을까?

10년 전 그 주식을 사지 않은 걸 이제 와 후회해봐야 할 수 있는 일은 없다. 시간 여행을 가서 주식을 사는 것밖엔 방법이 없다. 받아들여야 한다. 시험이나 면접에 떨어진 일 역시 실망스러워도 이미 벌어진 일이니 다음 기회를 노릴 수밖에 없다. 회사 상사가 부당하게 야단을 쳤거나 거래처 직원이 횡포를 부렸다면 강력하게 항의할 수도, 사회단체에 도움을 청할 수도 있다. 그런데 현실적인 이유로 이런 방법을 쓸 수 없다면 내버려두는 수밖에 없다. 잘난 권위에 도취된 인간들에게 일일이 대응할 필요가 없다고, 그저 세상을 구성하는 부정적인 환경 중 하나라고 받아들이는 것이다.

이 세 가지 질문은 미국의 저술가이자 명상 전문가인 에즈라 베이다Ezra Bayda가 제시했다. 단순하지만 그 효과와 의미는 분명하다. 이 질문들은 먼저 '나를 불행하게 만드는 것'이 무엇인지 그 정체를 파악하게 해준다. 우리는 막연한 불행감에 허덕일 때가 많다. 분명 우울하고 기운 빠지는데 정확한 이유가 잡히지 않는다. 정체를 모르는 적을 이길 수는 없다. 에즈라 베이다의 질문은 우리가 겪는 불행의 원인을 정확히 파악하라 권고한다.

한편 불행한 일이 발생했다고 해서 그 즉시 우울에 빠지는 건 아니다. 그 일을 바라보는 시선, 해석하는 방법에 따라 평온함과 불행감이 결정된다.

예를 들어 누군가 자신에게 횡포를 부릴 때 그 행위를 어떻게 해석하느냐에 따라 불행감의 크기는 달라진다. '그릇된 행동이지만 저것이 나를 단련시켜줄 것이다'라고 생각하면 훨씬 낫다. 반대로 '저 사람의 횡포가 나에게 지울 수 없는 상처를 줬어'라고 생각하면 견디기가 더 힘들어진다. '나는 저 횡포가 불쾌하지만 거뜬히 견딜 수 있어'라는 믿음이 필요하다.

이 세 가지 질문은 우리를 불행하게 하는 원인이 무엇인지, 또 그것을 어떻게 해석할지 생각해보자는 제안에 해당한다. 곰곰이 생각하는 동안 불안에 대응하는 능력을 기르게 될 것이다.

주의를 분산하라

스트레스가 밀려오고 걱정거리에 사로잡히면 정면으로 대응하는 게 원칙이다. 걱정거리를 회피해서는 안 된다. 예를 들어 시험이 다가오면 불안과 걱정에 시달리게 되는데, 이 감정에 정면 대응을 해야 한다. 그 방법은 공부에 몰두하는 것 하나뿐이다.

정면 대응하지 않고 회피하는 태도는 위험하다. 시험이 다가오면 불안해하다가 컴퓨터 게임으로 도망치는 아이들이 적지 않다. 이런 회피하는 버릇은 상황을 점점 악화시킨다. 성인 중에도 어려운 일에 닥치면 정면 돌파하기보다 술이나 게임 등으로 도망치려는 이들이 있다. 문제를 회피하고 달아나는 것은 결국 더 큰 고통만 자초하는 일종의 자학이다.

그렇다고 부정적 감정이 생길 때마다 그 감정만 일일이 노려보고 있을 수도 없다. 마음을 흔드는 불안과 걱정에 집중하면 집중할수록 상황이 더 악화되는 경우도 많다. 감정이 눈덩이처럼 불어나는 것이다. 이럴 때는 다른 데로 신경을 돌리는 것이 아주 좋은 방법이다. 대체로 근거 없는 걱정이 들 때는 차라리 회피하는 편이 낫다. 가령 '내일 면접을 잘 못 볼 것 같아', '오늘 왠지 안 좋은 일이 생길 것 같아' 같은 근거 없는 걱정은 정면 대응할 가치가 없다. 이미 일어난 일에 대해서도 마찬가지다. 이미 헤어진 연인의 결혼 소식을 듣고 깊은 후회가 밀려와도 의미 없는 감정이므로 모른 척해버린다.

미국 임상심리학 박사 마크 돔벡Mark Dombeck은 한 매체를 통해 이렇게 단언했다.

"집중 분산은 기분 전환에 놀랍도록 효과적인 기술이다."

'집중 분산distraction'이란 한곳을 향한 집중을 다른 곳으로 옮긴다는 의미다. 쉽게 말해 '신경을 딴 데로 돌리기'다. 가령 근거가 없고 이유를 알 수 없는 걱정과 두려움이 점점 커질 때 다른 곳에 신경을 쓰는 방법이 놀랍도록 효과적이라고 그는 설명한다. 기분이 빠르게 전환된다는 것이다.

마크 돔벡은 걱정이나 불안이 닥치면 두 종류 일에 몰두하라 권한다.

1 ___ 집중력을 요하는 일

집중해서 능동적으로 움직여야 하는 일, 즉 딴생각할 틈을 주지 않는 일을 한다. 글쓰기, 집 안 청소, 악기 연주, 서류 정리, 조깅 등이 이에 해당한다.

2 ___ 즐거운 일

좋아하는 취미에 몰두한다. TV 예능이나 드라마 보기, 영화 감상, 인터넷 서핑, 독서, 음악 감상, 친한 친구에게 전화하기 등이 있다.

부정적 감정은 블랙홀과 같아서 사람의 정신을 집요하게 빨아들인다. 이 힘에 빠져들면 위험해진다. 걱정은 커지고 불안은 더 심해지며 슬픔도 깊어진다. 자책감과 죄의식, 후회도 갈수록 힘을 얻어 강력한 태풍이 되어 마음을 휩쓸어버린다. 이런 부정적 감정에서는 최대한 빨리 도망치는 게 상책이다.

의미 없는 후회, 자책, 불안이 당신의 머릿속을 어슬렁거릴 때는 그 즉시 다른 일에 신경을 집중해라. 시작하는 것만으로 집중력이 요구되는 일들이 좋다. 글쓰기도 좋고 춤추기도 좋다. 집 안 청소를 열심히 해도 어느새 잡념이 사라진다. 마음에 맞는 친구와의 대화, 영화 감상 같은 취미 활동도 어두운 잡념을 떨치는 데 효과적이다.

오늘 하루 나를 비판하지 않기

정말이지 나도 나를 사랑하고 싶어요. 스스로를 미워하면 고통만 얻는다는 걸 너무나도 잘 알죠. 알지만 의심이 들어요. '내가 정말 사랑받을 가치가 있나. 만족하고 사랑하기엔 아직 너무 부족한 존재가 아닐까.'

능력도 부족하고 성격도 나쁜 나 같은 사람을 사랑한다는 건 길거리에 버려진 더러운 곰 인형을 껴안는 일과 같지 않을까요. 나를 사랑하는 일은 너무 어려워요.

어떤 사람이 사랑받을 자격이 있을까? 수입이 높고 잘생기고 사회성도 좋으면 그 사람은 사랑받을 가치가 있는 걸까? 직업이 시원찮고 외모는 평범하고 짜증을 잘 내는 성격이면 사랑받을 자격이 없는 걸까? 후자도 누군가의 뜨거운 사랑을 받고 행복하게 살 수 있다. 당연하다. 사람은 모두 사랑받을 수 있는 존재, 사랑받아야 할 존재다.

사실은 '사랑받을 자격'이라는 말 자체가 틀렸다. 그런 자격은 없다. '숨을 쉴 자격'이 따로 없듯이 말이다. 사랑에는 시험도 자격증도 없다. 변호사나 국회의원처럼 시험이나 선거를 통해 결정되는 성질이 아니다. 세상 모두가 숨을 쉴 수 있는 것과 마찬가지로 세상 모두는 사랑하고 사랑받을 수 있다.

'사랑을 한다'라는 것은 자격이 아니라 선택의 문제다. 누군가를 사랑할지 말지도 오로지 '나 자신'의 선택에 달렸다. 자신을 사랑하는 일도 마찬가지다. 자격을 따지기 이전에 선택할 문제다. 과거에 어떻게 살았건 그건 아무 상관 없다. 성격이나 능력 등 외적인 기준도 무시하면 그만이다.

선택해라, 당신을 사랑할 것인가, 말 것인가? 당신이 결정하면 그만이다. 일단 사랑하기로 결정했다면 당신에 대한 나쁜 평가는 멈추어라.

영국의 저명한 심리학자 로버트 홀든Robert Holden은 말했다.

> "당신 자신을 더 자주 혹평할수록, 진정한 자신을 볼 수 없
> 게 된다."

자신이 가진 집과 차와 능력 등에 집착하면 인간으로서 겪는 기쁨과 슬픔에 둔감해진다. 오늘 옷차림과 화장이 어떤지 불안해하며 따질수록, 마음속 행복한 풍경은 시야에서 사라진다. 문제는 보이지 않는 것은 사랑할 수 없다는 점이다. 진정한 자신을 볼 수 없다면 자신을 사랑하는 일도 요원하다. 자기 감

정에 무심한 사람이 어떻게 자신을 이해하고 껴안아주겠는가.

좋고 나쁨을 평가하지 말아야 한다. 하루만 당신에 대한 평가를 멈춰보라. 당신이 어떤 사람인지, 마음은 어떻게 생겼는지 들여다보라. 단 하루, 당신 자신을 심판대에서 내려놓고 살펴보는 것이다.

> '오늘 화장이 좀 어색하네. 옷은 괜찮나?'
> → '괜찮아, 충분히 멋져.'
> '오늘 사람들에게 멋지게 보일 수 있을까?'
> → '괜찮아, 그냥 내가 즐거우면 돼.'
> '오늘 그 모임에서 내가 너무 바보 같은 소릴 한 거 아닌가?'
> → '괜찮아, 누구나 한 번씩 허튼소리를 하지.'
> '오늘 내가 이 일을 해도 될까?'
> → '뭐 어때, 하고 싶으면 그냥 하는 거야.'

마음속으로 하는 말은 가능한 한 자기 마음을 편안하게 만드는 방향으로 하면 좋다. 아끼는 후배가 기죽어 있을 때 우리는 냉정하게 평가하거나 비판하는 말을 하지 않는다. 우리 자신에게도 그런 배려를 베풀어야 한다. 사실 '평가'나 '비판'은 타인의 시선을 따르는 것이다. 사람들의 보편적인 시선, 일반적으로 하는 말들을 상상하면서 그에 맞춰 자신을 깎아내리는 것이 자기비판이다.

이런 비판을 멈추면 자신이 뭘 원하고 뭘 싫어하는지 보이게 된다. 남의 시선이나 평가를 의식하느라 신경 쓰지 못했던 자기 욕구가 드러날 것이다. 그게 '진짜 나'의 모습이다. 그 모습을 포용할지 말지는 스스로 결정할 일이다.

하루쯤은 당신 자신을 철부지 아이 혹은 마음대로 뛰노는 강아지를 대하듯 방임해보라. 자유를 만끽하는 당신 내면이 무엇에 반응하고 무엇에 기뻐하는지 지켜보고 흐뭇해하는 보호자가 되어줘라. 우리는 모두 누군가에게 기쁨을 주다가 거리에 버려진 곰 인형 같은 존재다. 연민이 학대보다 백번 옳다.

오늘 하루 _____ 하지 않기

'나에게 좋은 하루를 선물하는 연습'이다. 날을 지정해 그날 하루 동안은 마음을 괴롭히는 행동과 생각을 절대 하지 않는다. 이것에 성공하면 한결 편안해진 마음, 가벼워진 기분을 느낄 것이다. 다음과 같은 다짐들을 해볼 만하다.

1_____ 오늘 하루 후회하지 않기

거듭 말했지만 뇌가 후회의 감정을 만들어내는 건 잘못을 되풀이하지 말라는 경고다. 같은 실수를 반복하지 않기 위한 경각심으로서는 유익하다. 그러나 너무 자주 후회하는 습관은 마음의 병을 만든다. 삶이 비참해진다. 과거는 바꿀 수 없다. '후회는 짧게', '단 한 번만' 하는 것이 좋다.

2_____ 오늘 하루 조급하지 않기

조급한 마음과 행동은 에너지를 많이 쓴다. 실수할 가능성도 높인다. 뭐든지 천천히, 여유 있게 해도 괜찮다고 다짐해본다. 천천히 움직이고 천천히 밥을 먹고 천천히 생각해라. 예전엔 생각지 못했던 아이디어가 떠오를 수도 있다. 호흡도 느리게 한다. 스트레스가 점점 멀어진다.

3_____ 오늘 하루 남의 시선 신경 쓰지 않기

삶을 피곤하게 만드는 요소 중 8할이 남의 시선이다. 문제는 이것이 객관적인 정보보다 상상이 만들어낸 것이라는 점이다. 그가 나를 우습게 생각하는지, 나쁜 사람으로 생각하는지 여부는 물어보지 않는 한 알 수 없다. 그래서 편리하게 상상하고, 멋대로 결론 내리고 믿어버린다. 이 믿음이라는 족쇄는 상대방이 아닌 당사자 발목만 잡는다. 시선에 신경 쓰지 않는 연습, 하루를 더 가볍게 만드는 습관이다.

4___ 오늘 하루 화내지 않기

대개 화는 걱정이나 두려움에서 시작된다. 마음을 편히 가지면 예전보다 화가 덜 생긴다. 남에게도 물론이지만 자신에게 화를 내는 습관은 더 위험하다. 자신의 부족함을 깊숙이 포용함으로써 화를 잠재우면 세상이 달리 보일 것이다.

긍정적인 감정의 흐름을 타는 법

나는 지금 파란색 줄무늬 옷을 입고 있다. 바지는 청바지, 속옷은 흰색이다. 그런데 내 감정의 색깔은 어떤지 모르겠다. 불안인지, 기대인지, 슬픔인지, 기쁨인지, 혐오인지, 행복인지. 이 많은 감정 중 나를 감싸고 있는 감정이 무엇인지 정확히 알 수 없다. 이상하게도 예전부터 이것을 판별하기가 어려웠다. 내 감정에 관한 한, 나는 백치나 다름없다.

사람들은 대체로 자기 감정에 무감하다. 어떤 기분인지도 잘 모른다. 그것 말고도 신경 쓸 일이 너무 많기 때문이다.

어제 무슨 옷을 입었는지 생각해보자. 이번엔 어제 당신의 감정이 어디에서 어디로 흘렀는지 생각해보자. 명확하게 답할 수 있는가? 당신이 어제 입은 옷이 종일 느낀 감정보다 더 중요할까?

좋아하는 사람이 생기면 그 사람의 마음에 크게 관심을 기울인다. 그 사람의 어투, 행동, 표정을 보며 어떤 기분인지 미루어 짐작한다. 누군가를 사랑한다는 것은 그 사람의 감정에 지대한 관심을 기울이는 것이다. 우리 자신에게도 그런 관심을 기울여야 한다. 감정에 이름을 붙이는 것만으로도 큰 도움이 된다. '불안한 나', '위태로운 나', '고통받는 나'를 객관화해서 바라보고 안정시키는 방법이다.

지금 당신의 마음이 크게 흔들리고 어둡다고 치자. 이 감정 상태가 무엇인지 모르면 처방도, 위로도 불가능하다. '나는 지금 불안하구나'라고 스스로 진단하고 인정해야 원인 분석이 가능하고, 또 나아가 그렇게까지 불안해할 일은 아니라고 스스로 위로할 수 있다.

마음이 들뜨고 불안정할 때도 자기 감정을 찬찬히 들여다봐야 한다. 거울 앞에 서서 옷차림을 살피듯이 말이다. '내가 지금 좀 흥분했네'로 시작해서 무엇이 마음을 크게 흔드는지 이유를 생각하고 마음을 차분하게 진정시킬 수 있다.

반드시 분석과 위로가 따라야 하는 것은 아니다. 그냥 '내가 지금 무서워하고 있구나', '이 상황에 조금 화가 나는구나' 하고 그때그때 감정을 정의하는 것만으로도 큰 효과가 있다. 우리는 '잘 모르는 대상'에 두려움을 느낀다. 우리가 느끼는 감정 역시 제대로 파악해야만 그것을 다룰 힘이 생긴다.

감정에는 아주 다양한 이름을 붙일 수 있다. 캘리포니아대학교 버클리캠퍼스 심리학과 교수인 대커 켈트너Dacher Keltner는 2017년 인간의 감정이 27가지라는 연구 결과를 내놓았다. '감정에 이름 붙이기' 훈련에 좋은 참고 자료가 된다.

감탄 admiration	흠모 adoration	심미적 감상 aesthetic appreciation
즐거움 amusement	불안 anxiety	경외 awe
어색함 awkwardness	지루함 boredom	평온함, 차분함 calmness
혼란스러움 confusion	열망 craving	혐오 disgust
공감으로 인한 아픔 empathetic pain	극도의 희열 entrancement	부러움, 질투 envy
신남 excitement	두려움 fear	공포 horror
흥미, 호기심 interest	기쁨 joy	향수, 그리움 nostalgia
사랑하는 마음 romance	슬픔 sadness	만족 satisfaction
성적 욕망 sexual desire	공감, 연민 sympathy	승리감 triumph

도움이 될 다른 감정 분류도 있다. 미국 심리학자 로버트 플러칙Robert Plutchik의 설명을 참고로 하면, 우리의 감정은 여덟 가지 그룹으로 나눌 수 있다.

1＿＿ 희열, 기쁨, 평온, 낙관

2＿＿ 선망, 신뢰, 수용, 사랑

3＿＿ 공포, 두려움, 근심, 굴종

4＿＿ 깜짝 놀람, 당황, 황망, 경외

5＿＿ 비탄, 슬픔, 걱정, 반감

6＿＿ 증오, 역겨움, 지루함, 후회

7＿＿ 격노, 화, 짜증, 경멸

8＿＿ 경계심, 기대, 관심, 공격심

감정의 종류는 문화권마다 다를 수밖에 없다. 또 개인에 따라서도 그의 개념은 조금씩 차이가 난다. '슬픔'을 느낀다고 해도 사람마다 그 깊이나 강도가 다를 것이다. 앞의 분류들은 법적으로 규정된 것이 아니다. 자신의 감정에 이름을 붙일 때 참고 자료 정도로만 자유롭게 활용하면 된다.

소설에는 사람의 감정에 대한 다양한 표현이 등장한다. 박완서 작가의 단편 〈그리움을 위하여〉에 쓰인 표현들이다.

> 마뜩찮다, 무섭다, 가슴이 아리다, 힘들다, 귀찮다, 패씸하다, 의심스럽다, 울화통이 치민다, 적의를 느낀다, 경멸한다, 이라도 갈고 싶은 심정, 싫증 난다, 심란하다…….

이문열 작가의 《우리들의 일그러진 영웅》에는 이런 표현들이 나온다.

까닭 모를 불안감, 가엽다, 허탈하다, 아뜩하다, 막막하다, 염려스럽다, 괴롭다, 고단하다, 견딜 수 없이 철저한 소외감, 가슴이 서늘하다, 쓰디쓴 외로움⋯⋯.

당신의 지금 감정은 어떤가? 이름을 붙인다면 뭐라고 하겠는가?

'나는 지금 미래에 대한 기대감에 젖어 있다.'
'나는 지금 어떤 일로 기쁨을 느끼고 있다.'
'나는 지금 누군가를 사랑하고 있다.'
'나는 지금 누군가에게 공포를 느낀다.'
'나는 지금 과거를 후회하고 있다.'
'나는 지금 깊은 슬픔에 젖어 있다.'
'나는 지금 누군가를 경멸한다.'
'나는 지금 무엇 때문에 역겹다.'

여기서 더 나아가려면 원인을 분석한다.

'나는 지금 불안하다. 다음 주에 시험이 있기 때문이다. 불안감 때문에 너무 힘들다.'

감정에 이름을 붙이고 객관화하면 한 발 떨어져서 자기 마음을 보게 된다. 그러면 원인이나 해결 방안에 대한 아이디어가 떠오른다. 지금 느끼는 슬픔이 너무 지나친 비관에서 온 건 아닌지, 기대감을 너무 크게 가진 건 아닌지, 불안감을 과도하게 부풀리고 있는 건 아닌지 스스로 돌아볼 수 있다.

이 단계는 감정을 정리하는 데 도움이 된다. 너무 복잡한 감정은 시야를 흐린다. 해결의 실마리를 찾기가 어려워진다. 이럴 때는 스스로 감정을 분석해 주된 감정과 곁가지 감정을 구분하는 것이 필요하다. 주된 감정을 찾아내면 상황이 좀 더 명료하게 보인다.

사람의 생활은 크게 감정과 행동으로 나눌 수 있다. 감정뿐 아니라 행동에도 이름을 붙이면 좋다. '나는 지금 ……하고 있다'라는 식으로 말하면 된다.

'나는 지금 신이 나서 일하고 있다.'
'나는 지금 몹시 귀찮은 일을 처리하고 있다.'
'나는 지금 평온한 시간을 보내고 있다.'

사람들은 의외로 자신이 현재 어떤 행동을 하고 있는지 분명히 자각하지 못할 때가 많다. 다른 것에 정신이 팔려 있기 때문이다. 헛된 기대, 의미 없는 걱정이 우리의 정신을 사로잡는다.

현재의 행동에 이름을 붙이면 자신이 지금 무엇에 몰두하는지 분명히 자각하게 된다. 동시에 현재에 집중하게 된다. '지금 여기'에 몰입하는 것이다. 이 몰입은 과거와 미래에 대한 걱정에서 벗어나게 해준다. 타인의 시선이나 평가에 대한 두려움으로부터도 탈출하게 한다.

요약하자면 우리는 좀 더 자기 감정과 행동에 관심을 기울일 필요가 있다. 한 번씩 자신에게 단순한 질문을 던져보는 것도 좋다.

'나는 지금 어떤 마음이지?'
'나는 지금 무엇을 하고 있지?'

하루 세 번쯤 시도해도 충분하다. 눈코 뜰 새 없이 바쁜 하루라면 한 번도 좋다. 자신의 감정과 행동에 이름을 붙이고 원인을 분석하다 보면 자신을 더 깊이 이해하게 된다.

수차례 강조했지만 '내 감정에 대한 이해'는 자기 사랑의 필수 조건이다. 어떤 감정이 자신을 사로잡는지 잘 모르면 사랑하는 것도 불가능하다. 당신이 하는 행동을 통해 기쁨을 만끽하는 것, 당신 자신을 사랑하는 가장 현명하고 현실적인 방법이다.

지금 여기서 행복할 것

마지막으로 아무것도 하지 않고 시간을 보낸 게 언제인가요? 단 10분만이라도, 정말로 아무 일도 하지 않은 때 말입니다. 글을 읽지도, TV나 인터넷을 보지도, 이메일이나 문자메시지를 확인하지도 않은 때가 있나요? 과거에 대한 후회, 미래에 대한 걱정을 모두 내려놓고 아무것도 생각하지 않은 순간. 이런 순간을 당신은 경험한 적이 있나요?

수많은 심리학자와 철학자가 '즉시 행복해지는 방법'으로 '지금 여기 이 순간에 집중하는' 것을 강조한다. 길을 걸을 때 양쪽 발가락에 번갈아 전해지는 느낌에 집중하고, 귓가를 간질이는 로맨틱한 음악, 감미로운 커피 향에 의식을 모으는 것이다. 자신의 호흡에 집중해도 좋고, 바람의 감촉을 음미해도 좋다.

앞의 글은 영국 기업가이자 명상 전문가인 앤디 퍼디컴Andy Puddicombe이 TED 강연에서 던진 질문이다. 그는 현대인의 마음을 '쉼 없이 돌아가는 세탁기'에 비유한다. 우리는 너무나 바쁜 세상에 살아서 쉼 없이 몸을 움직이면서도 수많은 생각에 시달린다. 몸과 정신이 잠시도 쉬지 못하고 혹사당한다. 언제라도 모터가 타고 고장 나버릴 것만 같다.

가장 쉽고 간편한 행복, 현재에 몰입하기

앤디 퍼디컴이 전하는 이야기의 결론은 마음을 비우고 '지금 여기'에 집중하자는 것이다. 과거나 미래가 아닌 '지금', 다른 곳이 아니라 자신이 있는 '여기'에 정신을 쏟자는 제안이다. 단순하지만 가장 확실한 행복의 비결이다.

우리 모두에게는 '지금 여기'에만 집중하던 시절이 있었다. 갓난아기 시절이다. 아기는 과거와 미래를 생각하지 않고 현재만을 산다. 엄마의 손길, 아빠의 미소에 모든 신경을 집중한다. 그러나 어른이 되면 달라진다. 과거의 일 때문에 시시각각 괴롭고, 미래에 대한 두려움 때문에 긴장을 놓지 못한다. 아기에게는 아무 책임이 주어지지 않지만 어른의 어깨 위엔 많은 책임과 의무가 무겁게 얹혀 있다. 가정을 돌봐야 하고, 끝없는 일을 처리해야 한다. 미래의 위험을 최소화하기 위해 과거를 돌아보며 경각심을 갖고, 계속해서 앞날을 예측한다.

인간은 현재뿐 아니라 과거와 미래를 동시에 살아가는 존재다. 뇌는 끊임없이 과거와 미래를 의식하게 만들므로 현재에 집중하기가 쉽지 않다. 한순간에 몰입한다고 해도 하루 중 아주 짧은 순간뿐이다.

어떻게 하면 현재를 살 수 있을까? 어떻게 하면 순간에 더 집중할 수 있을까? 과거와 미래에 대한 생각을 완전히 떨치지는 못하더라도 최소한 줄일 수는 없을까? 작지만 확실한 도움을 주는 현실적인 방법들이 있다. 당장 수행을 위해 히말라야로 떠날 수 없는 보통 사람들에게 유효한 실용적 팁이다.

지금 여기에 몰입하는 연습

1____ 눈감고 깊이 호흡하기

느린 호흡은 현재에 집중하는 가장 기본적인 방법이다. 대단히 전문적인 방법을 따라야 하는 것은 아니다. 앞서 소개한 대로 느린 호흡을 다섯 번 반복하는 것으로도 충분하다. 공기가 코와 기도, 폐를 거치는 숨의 흐름에 집중한다. 몸이 편안해지며 순간을 느끼는 감각이 예민해진다. 눈을 감고 하면 더 효과적이다.

2____ 손가락 끝을 지그시 바라보기

신체의 일부를 응시하는 방법이다. 손가락 끝의 지문을 가만히 살펴보라. 아니면 손톱이나 손등, 혈관 등 어디든 상관없다. 평소 발견하지 못했던 무늬가 새롭게 보일 수 있다. 1분만 바라보면 몸에 대한 묘한 신비감이 느껴진다. 이마나 팔뚝에 손가락 끝을 대고 문지르거나, 두 손바닥을 아주 천천히 비비는 방법도 있다. 아니면 검지를 손바닥에 대고 천천히 움직여보자. 손바닥과 손가락 끝으로 느껴지는 감각에 집중하면서 말이다. 몸의 감각을 예민하게 느끼면서 현재의 자신에게 집중하는 방법이다.

3 ── 가만히 마음을 주시하기

불안, 기쁨, 긴장, 지루함 등 순간순간 느끼는 감정에 이름을 붙인다. 상상으로 이름표를 붙인 후 이 감정을 계속 느낄지, 아니면 다른 데로 관심을 돌릴지 고민한다. 기쁨이라면 그냥 그 기분을 충분히 만끽하고, 부정적 에너지를 만들어내는 감정이라면 그 감정을 흘려보내는 상상을 한다.

4 ── 밥을 천천히 먹으며 음미하기

오감에 집중하는 훈련도 좋다. 음식을 먹을 때 특히 효과적인 방법이다. 쌀알과 반찬의 맛을 하나하나 음미한다. 다양한 음식의 냄새와 치아로 음식을 씹을 때 느껴지는 식감, 혀에 닿는 음식의 감촉, 식도로 음식물이 넘어갈 때의 쾌감에 주목한다. 이렇게 오감에 집중하며 밥을 먹으면 식사하는 행위가 이

전보다 더 재미있고 의미 있게 느껴진다. 물론 음식의 맛도 더 깊고 풍성해진다.

일상생활 중에 오감을 훈련할 기회는 아주 많다. 걸음을 걸을 때 발바닥과 발가락에 전해오는 감각에 집중할 수도, 세수할 때 차가운 물이 얼굴에 닿는 느낌과 비누 향기에 집중할 수도 있다. 오감의 자극에 집중하는 훈련들은 지금 자신이 살고 있는 세상을 더 깊이, 더 세심하게 인식하는 좋은 연습이다.

5____ 집중력 높이는 연습하기

하루에 한 번 시간을 정해두고 집중력 높이는 훈련을 한다. 이때는 TV나 와이파이, 스마트폰을 일절 꺼둔다. 외부 자극에 반응하지도 않는다. 단 3분만이어도 좋다. 좋아하는 책을 읽거나, 자세를 꼿꼿이 하고 눈을 감는 것도 좋다. 자신에게 질문을 하는 것도 방법이다. '나는 지금 무엇을 느끼고 있는가', '어떤 감정인가' 물어본다. 세상과 고립되어 자기만의 현재에 오롯이 집중하는 시간이다. 막상 해보면 3분 동안 지속하는 것도 쉽지 않다는 걸 알게 된다. 그러나 반복하다 보면 집중하는 시간이 점점 늘어날 것이다.

6____ 한 번에 한 가지 일만 하기

멀티태스킹은 일의 효율성을 높이는 데도, 맑은 정신을 유지하는 데도 무용한 방식이다. 먹을 때는 먹는 데만 집중하고 걸을 때는 걷는 데만 집중해라. 먹으면서 읽고 걸으면서 먹는 버릇이 당신의 시간을 아껴줄지는 몰라도, '지금 이 순간'의 삶을 온전히 누리는 방식과는 거리가 멀다.

7___ 천천히 움직이기

천천히 걸어보자. 엘리베이터에 타서 닫힘 버튼을 누르지 말아보자. 커피 스푼을 아주 천천히 돌려보자. 타이핑 속도를 조금만 늦춰보자. '이 일을 빨리 끝내겠다'라는 성급한 마음을 버리고 그때그때 행위와 그 의미에 집중하며 모든 일의 속도를 늦춰보는 것이다. 마음 한구석에 여유가 생긴다.

8___ 하루 5분 정도 아무것도 하지 않기

고요 속에 가만히 앉아 있는 시간이다. 생각도 멈춘다. 세상이 멈춘 듯한 고요를 그냥 그대로 느낀다.

9___ 미래에 대한 걱정 멈추기

미래는 물론 중요하다. 그러나 '오늘 이 순간'보다 더 중요할 수는 없다. 미래가 현재를 먹어 치우게 놔둬서는 안 된다. 근거 없는 걱정을 반복하는 대신, '지금 이 순간'에 마음의 시선과 감각을 집중한다.

10_____ 눈앞에 있는 사람에게 집중하기

누군가와 대화를 할 때 겉으로는 듣는 척하며 '퇴근 후에 뭘 하지', '점심 때 뭐 먹지' 같은 딴생각을 하지 말고 그 사람의 말에 온전히 귀 기울인다.

많은 심리학자가 현재를 살라고 강조한다. 현재에 영혼을 오롯이 집중해야 행복을 찾을 수 있다 말한다. 인간은 어쩔 수 없이 과거와 미래를 의식하고 고민하게 되지만, 굳이 우선순위를 따지자면 가장 중요한 건 '지금 이 순간'이다. 아직 인간에게는 과거로 돌아갈 능력이 없고, 미래의 일을 지금 당장 결정할 수도 없다.

그렇다면 지금 우리에게 필요한 건 '미래의 나'에게 '행복했던 나'를 기억하게 하는 것이 아닐까. 오늘 행복했던 당신은 미래의 당신에게 '계속 행복하게 살아갈 수 있다'라는 믿음과 용기를 준다. 지금 이 순간에 몰입하고 오늘의 나를 행복하게 해주는 것, 이것이 당신의 삶을 있는 그대로 끌어안고 사랑하는 유일하고 가장 안전한 방법이다.

잊지 마세요,
당신의 존재는 그 자체만으로 충분히 가치 있습니다.

남에게 못할 말은
나에게도 하지 않습니다

초판 1쇄 발행 2018년 12월 10일
초판 2쇄 발행 2019년 1월 10일

지은이 정재영
펴낸이 권미경
편집 곽지희
마케팅 심지훈, 정세림
디자인 여만엽
일러스트 양아름(RUMI)
펴낸곳 ㈜웨일북
출판등록 2015년 10월 12일 제2015-000316호
주소 서울시 마포구 월드컵로32길 22 비에스빌딩 5층
전화 02-322-7187 **팩스** 02-337-8187
메일 sea@whalebook.co.kr **페이스북** facebook.com/whalebooks

ⓒ 정재영, 2018
ISBN 979-11-88248-70-4 03190

소중한 원고를 보내주세요.
좋은 저자에게서 좋은 책이 나온다는 믿음으로, 항상 진심을 다해 구하겠습니다.

「이 도서의 국립중앙도서관 출판예정도서목록(CIP)은
서지정보유통지원시스템 홈페이지(http://seoji.nl.go.kr)와
국가자료공동목록시스템(http://www.nl.go.kr/kolisnet)에서 이용하실 수 있습니다.
(CIP제어번호: CIP2018038376)」